Student Activities Manual

M O T I F S

An Introduction to French

SIXTH EDITION

Kimberly Jansma

University of California at Los Angeles

Margaret Ann Kassen

The Catholic University of America

HEINLE
CENGAGE Learning·

Australia • Brazil • Japan • Korea • Mexico • Singapore • Spain • United Kingdom • United States

For product information and technology assistance, contact us at
Cengage Learning Customer & Sales Support,
1-800-354-9706

For permission to use material from this text or product, submit all requests online at **www.cengage.com/permissions**
Further permissions questions can be emailed to
permissionrequest@cengage.com

ISBN-13: 978-1-133-61180-6
ISBN-10: 1-133-61180-X

Heinle
20 Channel Center Street
Boston, MA 02210
USA

Cengage Learning is a leading provider of customized learning solutions with office locations around the globe, including Singapore, the United Kingdom, Australia, Mexico, Brazil, and Japan. Locate your local office at **www.cengage.com/global**

Cengage Learning products are represented in Canada by Nelson Education, Ltd.

To learn more about Heinle, visit
www.cengage.com/heinle

Purchase any of our products at your local college store or at our preferred online store
www.cengagebrain.com

Table des matières

Activités écrites (Workbook)

Activités de compréhension et de prononciation (Lab Manual)

Printed in the United States of America
5 6 7 8 9   22 21 20 19 18

Les camarades et la salle de classe

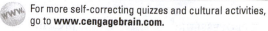
For more self-correcting quizzes and cultural activities, go to **www.cengagebrain.com**.

Comment se présenter et se saluer

Voir Structure 1.1 Addressing others *Tu et vous*

A **Simple comme bonjour.** Christine is at a job fair in Paris, looking to make connections for a future position. Depending on whom she talks to, she will need to address the person formally or casually. Choose the culturally appropriate way of addressing each person, depending on the situation.

_____ 1. Monsieur Pujol is the director of *Students with a Future,* a large international company. To greet him, Christine says:

    a. Salut, Pujol, ça va?

    b. Bonjour, Monsieur Pujol, ça va?

    c. Bonjour, Monsieur Pujol. Christine Béart. Comment allez-vous?

_____ 2. In response, Monsieur Pujol says to Christine:

    a. Salut! Comment tu t'appelles?

    b. Bonjour, Mademoiselle Béart. Bien, merci, et vous?

    c. Bonjour. Oh, ça ne va pas du tout.

_____ 3. The company's sales manager is there too. To introduce her to Christine, Monsieur Pujol says:

    a. Christine, je te présente Laurence Dabadi.

    b. Mademoiselle Béart, je vous présente Madame Dabadi.

    c. Christine, Laurence.

_____ 4. The three of them discuss a possible job opportunity and then depart. To say goodbye, they will likely say to each other:

    a. Ciao!

    b. À plus!

    c. Au revoir.

_____ 5. Later on, Christine bumps into an old friend from high school, Emmanuel Peugeot. To greet him, Christine says:

    a. Salut, Emmanuel! Ça va?

    b. Bonjour, Monsieur Peugeot. Comment allez-vous?

    c. À bientôt!

_____ 6. To accompany their words, Christine and Emmanuel will very likely:

    a. kiss on the cheek (**se faire la bise**)

    b. shake hands (**se serrer la main**)

    c. simply smile at each other (**se sourire**)

Nom _____ Date _____ Cours _____

B **Un nouvel ami français.** Now your instructor leads a conversation in French with one of the Paris VIII students invited to your class, Antoine. Complete their dialogue using the word bank below.

je suis de Bruxelles	comment allez-vous	bonjour	bientôt
très bien	est de Bruxelles	au revoir	

LE PROFESSEUR: Classe, je vous présente Antoine Bourgeon. _____ (1),

Antoine! _____ (2)?

ANTOINE: Très bien, et vous?

LE PROFESSEUR: _____ (3), merci. Antoine, vous êtes de Belgique, un pays que j'adore et que je connais assez bien. De quelle ville êtes-vous?

ANTOINE: Moi, _____ (4).

LE PROFESSEUR: Et votre famille, elle est de Bruxelles aussi?

ANTOINE: Non, mon père est de Liège. Mais ma mère, elle _____ (5).

LE PROFESSEUR: Vous êtes belge, mais vous étudiez en France?

ANTOINE: Oui, le programme est excellent ici.

LE PROFESSEUR: Très bien. Merci, Antoine, d'avoir participé à notre classe. Au revoir!

ANTOINE: _____ (6), professeur! À _____(7)!

C **Ensemble à la cafétéria.** After class, your friend John runs into Farida, another student from Paris VIII, in the cafeteria. Complete their conversation using a word or expression from the list below.

ça va	comment allez-vous	comment ça va	suis
elle s'appelle	comment s'appelle-t-elle	et vous	je vais bien
est de			

JOHN: Salut, Farida. _____ (1)?

FARIDA: _____ (2) très bien, merci.

(Farida sees John is with a friend and asks about her.)

FARIDA: Et ton amie *(friend)*, _____ (3)?

JOHN: _____ (4) Liz. Elle _____ (5) Portland.

(He introduces them.) Liz, Farida. Farida, Liz.

LIZ: Bonjour. Vous êtes de Paris?

FARIDA: Non, je _____ (6) d'Alger, en Algérie. Ah, voilà M. Dutronc, votre professeur de français. Bonjour, monsieur, _____ (7)?

M. DUTRONC: _____ (8), merci. _____ (9)?

Identification des choses et des personnes

Voir Structure 1.2 Identifying people and things *Qui est-ce? Qu'est-ce que c'est? Est-ce que... ?*

Voir Structure 1.3 Naming people and things *Les articles indéfinis*

D **Dans la salle de classe.** Write a complete sentence using an indefinite article to identify the numbered items.

   Modèle: *C'est un livre.*

1. _____

2. _____

3. _____

4. _____

5. _____

6. _____

7. _____

8. _____

9. _____

10. _____

E **Le nouveau.** Your instructor is quizzing a student who just joined your French class. Help him out by giving him the answers.

Modèle: — Est-ce que c'est un stylo?

— *Oui, c'est un stylo.*

1. — Qu'est-ce que c'est?

— _____

2. — Est-ce que ce sont des chaises?

— _____

3. — Qu'est-ce que c'est?

— _____

4. — Est-ce que c'est une fenêtre?

— _____

5. — Qu'est-ce que c'est?

— _____

6. — Est-ce que ce sont des tableaux?

— _____

F **Qui est-ce?** You and a classmate are talking about French celebrities, but he/she doesn't remember everyone's name. Answer his/her questions using the names listed below. **One name is extra.** (Hint: for help, see page 13 in your textbook.)

Marion Cotillard	**Zinédine Zidane**	**Tony Parker**
Christine Lagarde	**Yannick Noah**	**Jean-Paul Gaultier**

Modèle: Il est joueur de foot. Qui est-ce?

C'est Zinédine Zidane.

1. C'est la directrice générale du FMI (*International Monetary Fund*). Qui est-ce?

_____

2. Il est couturier et créateur de parfums. Qui est-ce?

_____

3. C'est une actrice française qui joue dans les films américains.

_____

4. C'est un joueur de basket et l'ex-mari (*husband*) d'Eva Longoria.

_____

La description des personnes

Voir Structure 1.4 Describing people *Les pronoms sujets avec* **être**

G **Un e-mail de votre correspondant.** You've just received an e-mail from a new French pen pal. Complete it using the appropriate form of the verb **être**.

Bonjour!

Je _____ (1) étudiant à l'université de Nancy II. Nancy

_____ (2) une ville très sympa *(nice)* avec beaucoup d'universités

et d'étudiants. Dans mon cours d'anglais, nous _____ (3) trente.

Et dans ton cours de français, vous _____ (4) combien? Mes amies

Laure et Stéphanie _____ (5) très bonnes en anglais, mais pas moi;

je _____ (6) un peu faible *(weak)*. C'est pourquoi *(that is why)* je

_____ (7) très content de venir te voir *(come see you)* aux États-Unis.

Est-ce que tu _____ (8) certain(e) que je peux rester *(that I can stay)*

trois semaines *(weeks)* chez *(with)* ta famille?

Réponds-moi vite! J'attends ta réponse avec impatience.

À bientôt!

Voir Structure 1.5 Describing *Les adjectifs (introduction)*

H **Je suis…** Your pen pal is arriving in three days. You want to make sure that the two of you will recognize each other at the airport. Compose an e-mail message in which you describe your physical features to him/her.

Bonjour!

Je suis très _____ (content/contente) (1) que tu arrives bientôt.

Je vais être à l'aéroport pour t'accueillir *(greet you)*. Je suis _____

(jeune/assez jeune *[pretty young]*) (2) et _____ (petit/petite/

de taille moyenne/grand/grande) (3). J'ai les cheveux _____

_____(blonds/bruns/noirs/roux/gris) (4) À bientôt.

_____ *(Your name goes here)*.

I **Portraits.** Write a sentence with at least two adjectives to describe the famous people below. **Adjectifs:** jeune; vieux/vieille; petit(e); joli(e); beau/belle; grand(e); jeune; grand(e); optimiste; patient(e) sympathique; sociable; idéaliste; timide; intelligent(e); sérieux(euse)

> **Modèle:** la reine Elizabeth
> *La reine Elizabeth est sérieuse et raisonnable.*

1. Le Dalaï Lama _____.

2. Taylor Swift _____.

3. Stephen Colbert _____.

4. Oprah Winfrey _____.

5. Justin Bieber _____.

Les vêtements et les couleurs

J **La mode sur le campus.** Your pen pal is coming to the States, and s/he is curious about how students dress on your campus. Let him/her know what the dress style is like on your campus.

> **Vocabulaire:** des chaussures, un T-shirt, des lunettes, un pull-over, une jupe, une chemise, un jean, une robe, un short, une casquette *(cap)*, un sac à dos *(backpack)*, des sandales *(sandals)*; vert, blanc, bleu, marron, rouge, noir, gris, beige

1. Ici, les étudiants portent souvent _____

_____

2. Parfois les femmes portent _____

_____

K **Et vous, qu'est-ce que vous portez aujourd'hui?** Describe what you are wearing now, including the color of your clothing.

Moi, je porte _____

_____

Comment communiquer en classe

L **Qu'est-ce qu'on dit?** How would you communicate the following requests / instructions in French? Find the equivalent expression.

_____ 1. Your instructor asks the class to open their books.

_____ 2. You ask him/her to repeat, please.

_____ 3. You have a question.

_____ 4. Your instructor wants you to please turn in your home-work to him/her.

_____ 5. Your instructor asks you to go to the board.

_____ 6. You want to ask a student to close the door.

a. Tu peux fermer la porte, s'il te plaît?

b. Excusez-moi, j'ai une question.

c. Pouvez-vous répéter, s'il vous plaît?

d. Ouvrez vos livres.

e. Rendez-moi vos devoirs, s'il vous plaît.

f. Allez au tableau.

M **Les nombres.** Match the English descriptions on the left with their French equivalent on the right.

_____ **1.** days of the week

_____ **2.** weeks in the year

_____ **3.** days in the month of February

_____ **4.** maximum speed limit in school zones

_____ **5.** legal driving age

_____ **6.** average legal drinking age in public places

_____ **7.** number of states in the United States

_____ **8.** months in a year

_____ **9.** number of hours in a day

_____ **10.** number of fingers on both hands

a. cinquante

b. cinquante-deux

c. sept

d. vingt-huit ou vingt-neuf

e. douze

f. dix

g. vingt-quatre

h. entre quinze et vingt-cinq

i. seize ans

j. vingt et un

Synthèse: Deux musiciens célèbres

Read the description of Justin Bieber. Then write out a similar description for Taylor Swift. You'll need to make the adjectives agree. (You can find photos of Taylor Swift on line if you aren't sure what she looks like).

Modèle: *Voici un jeune homme célèbre. Il s'appelle Justin Bieber. Il est sympa. Il a les cheveux bruns et assez courts et les yeux bruns. Il est de taille moyenne. Il porte souvent un jean, un pull-over et des tennis. Justin Bieber est optimiste, énergique, gentil et intelligent. Il est très populaire en France. Voilà un portrait de Justin Bieber.*

1. Voici une femme célèbre. Elle s'appelle _____

_____

_____

_____

_____

_____

_____

🌐 Perspectives culturelles

A Read **Greetings in French** on pages 9–10 and indicate whether each statement is **vrai** or **faux**.

	vrai	faux
1. Greetings are the same in France and French-speaking Africa.	❏	❏
2. The French say **au revoir, monsieur / madame / mademoiselle** whenever they enter a shop.	❏	❏
3. In France, colleagues shake hands to greet each other daily.	❏	❏
4. Americans sometimes view the French as being snobbish and distant because they don't smile when they come into contact with strangers.	❏	❏
5. It is common for Parisians to smile at each other on the **métro.**	❏	❏
6. If you are not sure whether to use **tu** or **vous** with someone, always assume you can use **tu.**	❏	❏
7. In Québec, **vous** is more commonly used than **tu** with elderly people.	❏	❏
8. In French-speaking Africa, greetings are lengthier than in France.	❏	❏

B Read **Vocabulaire en mouvement** on page 17 of your textbook and answer the questions below.

1. When and why did French become the language of the court in England?

_____

2. Which word in each pair is derived from French? Explain your selection.
   a. go up / mount
   b. respond / answer

_____

_____

3. From which area were some English words adopted by the French before the Revolution?

_____

C **Voix en direct:** *Du français ou de l'anglais?*

Read the **Voix en direct** section on page 17 of your textbook and answer the questions below.

1. French speakers, especially young people use a lot of English words. In what areas do you think English words will be used most frequently?

_____

_____

2. Write down a few English words or expressions that French people commonly use. Look at page 17 to check your answer and listen to how they're pronounced. Be prepared to pronounce these words with a French accent in class.

_____

_____

Module 2

 For more self-correcting quizzes and cultural activities, go to **www.cengagebrain.com**.

La vie universitaire

Les distractions

Voir Structure 2.1 Saying what you like to do *Aimer et les verbes réguliers en -er*

A **Chacun ses préférences.** Everybody likes to do something in particular. Complete the sentences with an infinitive from the list or from page 36 of your textbook.

chanter	surfer sur Internet	écouter de la musique
travailler	danser	regarder la télévision
parler	voyager	

1. Adele aime _____.

2. Bill Gates aime _____.

3. Homer Simpson déteste _____; il préfère _____.

4. Donald Driver adore _____ et _____.

5. Jon Stewart aime _____ avec ses invité(e)s *(guests)*.

6. Et moi *(me)*, j'aime _____ mais je n'aime pas _____.

B **Qui fait quoi?** Some people are known for what they do. Match each person on the left with a logical activity on the right, paying close attention to verb endings.

_____ 1. Kobe Bryant…   **a.** aime travailler.

_____ 2. Mon ami et moi, nous…   **b.** étudiez le français.

_____ 3. Steven Tyler et Jennifer Lopez… **c.** aime jouer au basket.

_____ 4. Beyoncé et Pink…   **d.** n'aimes pas le jazz.

_____ 5. Tu…   **e.** jugent le talent des chanteurs et des chanteuses.

_____ 6. Mark Zuckerberg…   **f.** travaillons beaucoup.

_____ 7. Vous…   **g.** aiment chanter.

Activités écrites • Module 2   **9**

Voir Structure 2.2 Saying what you don't like to do *La négation ne... pas*

C Le semestre commence. You're writing a letter to your best friend describing your daily routine at the university. Fill in the blanks by conjugating the verbs in parentheses.

Chère Christine,

Cette année à l'université, je (travailler) _____ (1) beaucoup! J'(étudier)

_____ (2) à la bibliothèque tous les après-midi *(every afternoon)*

et le soir, je (ne pas regarder) _____ (3) la télévision: je (continuer)

_____ (4) à étudier! Je (ne pas habiter) _____

(5) près *(near)* du campus et le week-end, je (ne pas aimer) _____ (6) retourner à

la bibliothèque. Alors je (rester *[to stay]*) _____ (7) dans mon appartement

avec ma camarade de chambre Cathy. Elle (ne pas aimer) _____ (8) sortir

non plus *(neither)*, alors nous (étudier) _____ (9) ensemble *(together)*.

Mes week-ends sont très calmes! Et toi, tu (travailler) _____ (10) beaucoup?

Est-ce que tes amis et toi, vous (jouer) _____ (11) toujours au basket?

Écris-moi vite!

À bientôt!

Comment exprimer ses préférences

Voir Structure 2.3 Talking about specifics *Les articles définis*

D Le portrait de Manon. Manon is a new exchange student from France. She shares your suite in the dorm. Here is what she says about herself. Complete her sentences using the correct definite articles.

J'ai 21 ans. J'étudie à _____ (1) université de Nice. J'aime _____ (2) musique classique et _____ (3)

rock, mais ma musique préférée est la techno. Je regarde _____ (4) télévision, mais je préfère _____ (5)

cinéma; j'aime surtout _____ (6) comédies et je déteste _____ (7) films d'horreur!

E **Mal assorties (Ill-matched)!** You and Manon are talking about her roommate, an American named Chris. Manon and Chris have very little in common! Complete the dialogue using the cues in parentheses to complete Manon's answers.

Modèle: Vous: Est-ce que tu aimes bien ta nouvelle camarade de chambre? (pas beaucoup)

MANON: *Non, je n'aime pas beaucoup ma nouvelle camarade de chambre.*

Vous: Est-ce qu'elle aime regarder la télévision? (adorer)

MANON: Oui, elle _____ (1) regarder la télé. Moi, je préfère passer du temps avec mes copains.

Vous: Est-ce qu'elle joue au tennis avec toi? (pas beaucoup)

MANON: Non, elle _____ (2) au tennis avec moi.

Vous: Est-ce qu'elle aime étudier? (pas du tout)

MANON: Non, elle _____ (3) étudier. Moi, je suis passionnée par mes études!

Vous: Pauvre Manon, vous n'avez rien *(nothing)* en commun, elle et toi! Est-ce qu'elle aime voyager au moins *(at least)*? (pas beaucoup)

MANON: Non, elle _____ (4) voyager. Elle reste très souvent dans la chambre! Mais moi, je sors *(I go out)*!

F **Et vous? Qu'est-ce que vous aimez faire?** Using complete sentences, write down two activities that you really like to do, one that you like pretty well, and two that you really do not like at all.

1. _____

2. _____

3. _____

4. _____

5. _____

L'université et le campus

Voir Structure 2.4 Listing what there is and isn't *Il y a / Il n'y a pas de*

G **Qu'est-ce qu'il y a sur le campus américain?** Manon is still adjusting to the American university system. To help her out, you and a friend make an orientation guide that she can share with other exchange students. Describe the campus and its facilities.

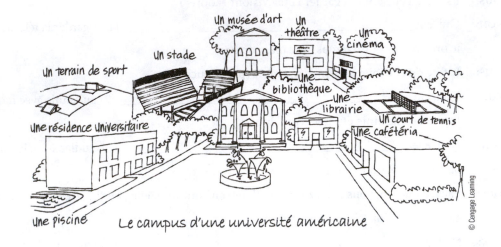

Le campus d'une université américaine

1. Pour les étudiants qui aiment les activités sportives, il y a _____.

2. Pour les étudiants qui aiment beaucoup les livres et qui aiment étudier, il y a _____.

3. Enfin, pour les étudiants qui aiment les films, il y a _____.

4. Malheureusement, sur notre campus, il n'y a pas _____.

H **D'autres questions?** Now imagine what further questions the exchange students might have about what is or is not on the campus and in the surrounding community. Write four questions.

1. _____.

2. _____.

3. _____.

4. _____.

Les matières

I **Tu aimes tes cours?** Manon and two of her friends discuss their courses. Use the clues provided in the dialogue to figure out which courses they are talking about and choose one of the three options provided in parentheses to fill in the blanks.

MANON: Salut, Paul! Comment ça va dans ton cours de/d' _____ (1)? (français / histoire / maths)

PAUL: Salut, Manon! Oh, tu sais, les chiffres *(numbers)* sont difficiles pour moi. Je préfère mon cours de/d' _____ (2) (allemand / japonais / biologie): je veux aller au Japon l'été prochain! Et toi, ça va en _____ (3) (économie / informatique / littérature)?

MANON: Oh oui, moi j'adore Shakespeare! Nous étudions *Hamlet* en ce moment. Par contre, je n'aime pas beaucoup mon cours de/d' _____ (4) (psychologie / sciences politiques / journalisme): je n'ai pas l'intention de devenir psychologue alors c'est une perte de temps *(a waste of time)*! Et toi, Arthur, tu aimes tes cours?

ARTHUR: Oui. Mon cours de/d' _____ (5) (italien / philosophie / géographie) est très intéressant, j'adore lire Hegel et Kant! Et j'aime aussi étudier _____ (6) (la chimie / le commerce / l'histoire): le passé *(the past)* est fascinant, non?

PAUL: Oh zut, nous sommes en retard *(late)* pour notre cours de/d' _____ (7) (droit / informatique / sociologie)! J'espère *(I hope)* qu'aujourd'hui les serveurs ne sont pas en panne *(down)*!

Le calendrier

J **Les jours importants du calendrier**

Part A. Match each holiday description in the left column with the corresponding date.

_____ 1. On fête *(celebrate)* la nouvelle année.   **a.** le 1er mai

_____ 2. On fête le début de la Révolution française.   **b.** le 1er janvier

_____ 3. On honore les saints catholiques.   **c.** le 1er novembre

_____ 4. On fête le travail en France.   **d.** le 14 juillet

Part B. Now match each holiday with its season.

_____ 1. la Saint-Valentin   **a.** C'est l'hiver.

_____ 2. la Saint-Jean, le 24 juin   **b.** C'est le printemps.

_____ 3. Pâques   **c.** C'est l'été.

_____ 4. le 14 juillet, la fête nationale française   **d.** C'est l'automne.

_____ 5. Halloween

Voir Structure 2.5 Talking about age and things you have *Le verbe **avoir***

K **Quel travail!** The semester has just begun and you and your roommate Manon discuss your schedules. Complete the following conversation with the correct forms of the verb **avoir.**

Vous: Manon, quels cours est-ce que tu _____ (1) ce semestre?

Manon: J' _____ (2) français, marketing et chimie.

Vous: Et Paul et Mike, tu sais quels cours ils _____ (3)?

Manon: Oui. Mike _____ (4) géographie et psychologie, et Paul et moi, nous

_____ (5) maths ensemble.

Vous: Et est-ce que vous _____ (6) cours le vendredi après-midi *(afternoon)*?

Manon: Hélas, oui! C'est pénible *(a drag)*!

Vous: Oui, tu sais, aujourd'hui c'est l'anniversaire de Paul. Il _____ (7) 21 ans.

Viens faire la fête *(come party)* avec nous!

L **À vous!** Answer the following questions with complete sentences.

1. Quels cours avez-vous ce semestre / trimestre? Comment sont-ils?

_____

2. Quels jours est-ce que vous avez cours?

_____

3. Qu'est-ce que vous aimez faire le week-end?

_____

4. Quel âge a votre meilleur(e) ami(e)? C'est quand, son anniversaire?

_____

Synthèse: Un(e) camarade de classe

Pre-writing: Choose a classmate to interview. E-mail each other with questions on your living situation, studies, and weekend activities.

Suggested interview questions:

- Quel âge as-tu?
- Est-ce que tu habites à la résidence universitaire?
- Tu es en quelle année? *(What year are you in?)*
- Qu'est-ce que tu étudies?
- Qu'est-ce que tu as comme cours ce semestre / trimestre?
- Est-ce que tu aimes tes cours? Pourquoi?
- Qu'est-ce que tu aimes faire le week-end?

Portrait: Using the information you have received and referring to the model below, write a portrait of your partner. Correct any errors and print it out. Take it to the next class meeting in order to present your partner. He/She will add one additional detail about him/herself for the class.

Modèle: *Dennis a 20 ans. Il est de Torrance. Maintenant, il habite sur le campus à la résidence Smith. Il n'aime pas du tout la cafétéria à la résidence! Les sandwiches et les pizzas sont dégoûtants (disgusting). Il préfère manger au centre-ville. Il est en deuxième année et il étudie la biologie. Ce trimestre, il a un cours de français, deux cours de biologie et un cours de chimie. Il aime bien le français et la biologie. Il n'aime pas le cours de chimie. Le prof est ennuyeux et les examens sont difficiles. Le week-end, il aime aller au cinéma ou jouer au basket. Il n'aime pas rester à la résidence et étudier. Il préfère s'amuser (to have fun)!*

_____

_____

_____

_____

_____

_____

_____

_____

_____

_____

_____

_____

_____

_____

🌐 Perspectives culturelles

A Reread **Les passe-temps préférés des jeunes Français** on page 42 of your textbook and say if the following statements are true (**vrai**) or false (**faux**).

	vrai	faux
1. Les loisirs sont très importants pour les jeunes Français.	❏	❏
2. Les jeunes Français n'écoutent pas de musique sur Internet.	❏	❏
3. Les activités sportives sont populaires chez les jeunes.	❏	❏
4. Regarder la télévision est moins populaire qu'avant *(than before)*.	❏	❏

B **Voix en direct:** Qu'est-ce que vous aimez faire le week-end?

1. Reread the **Voix en direct** section on page 42 of your textbook and list (in French) the weekend activities that the three young people talk about. Then, make a list (also in French) of your favorite weekend activities.

Activités préférées de Julien, Pierre et Olivia	Mes activités préférées
_____	_____
_____	_____
_____	_____
_____	_____
_____	_____
_____	_____

2. What similarities and differences are there between the activities mentioned by these young French people and those you and your friends enjoy? Give a possible explanation in English for the differences.

_____

_____

C Reread **Le Quartier latin et la Sorbonne** on page 46 of your textbook and match each description on the left with the corresponding information on the right.

_____ 1. une faculté célèbre   **a.** 1789

_____ 2. les matières qu'on étudie à la Sorbonne   **b.** 1253

_____ 3. une partie de Paris qui a de très bonnes librairies   **c.** la Sorbonne

_____ 4. l'année où la Sorbonne a été fondée   **d.** le Quartier latin

_____ 5. la date de la Révolution française   **e.** le boulevard Saint-Michel

                                                     f. les lettres

For more self-correcting quizzes and cultural activities, go to **www.cengagebrain.com.**

Chez l'étudiant

La famille

Voir Structure 3.1 Expressing relationship *Les adjectifs possessifs*

A **La famille de Julie.** Your French friend, Julie, is telling you about her family and asking about yours. Select the correct possessive adjectives to complete her description.

Je viens d'une grande famille! J'ai quatre frères et une sœur. (1. Ma, Son) sœur habite à Lyon et (2. ton, mes) frères habitent à Nice. (3. Nos, Ses) parents sont retraités *(retired)* et ils habitent à Caen, en Normandie. (4. Ma, Mon) frère aîné et (5. ta, sa) femme viennent d'avoir *(just had)* un bébé! C'est une petite fille et c'est (6. notre, leur) premier enfant! (7. Ton, Son) papa et (8. ta, sa) maman sont très heureux!

Et toi? Combien de personnes est-ce qu'il y a dans (9. sa, ta) famille? Est-ce que (10. tes, vos) frères et sœurs habitent près de chez toi? Est-ce que (11. ses, tes) parents travaillent encore? Parle-moi aussi de (12. ses, tes) cours à l'université et de (13. ton, notre) travail.

Voir Structure 3.2 Talking about where people are from *Le verbe* **venir**

B **L'album photo.** You are showing Julie your photo album with pictures of your last birthday party, telling her where your friends come from. Complete the following conversation with the appropriate form of **venir.**

Modèle: Voici Virginia. Elle *vient* de Salt Lake City.

JULIE: Qui est cette jolie fille ici sur la photo?

VOUS: C'est Sophie. Elle _____ (1) de Montréal.

JULIE: Et les deux garçons à côté d'elle? Ils _____ (2) aussi de Montréal?

VOUS: Non, ils sont américains, de Californie.

JULIE: Toi aussi, tu _____ (3) de Californie, non?

VOUS: Non, moi, je _____ (4) d'un autre état *(another state)* des États-Unis. Oh, et ici, c'est mon meilleur ami, Brad; lui et moi, nous _____ (5) du même état.

JULIE: De quel état est-ce que vous _____ (6), alors?

Voir Structure 3.3 Another way to express relationship and possession *La possession de + nom*

C **Le jeu des sept familles.** Julie teaches you **le jeu des sept familles,** a traditional French card game similar to Go Fish. Instead of collecting a set of numbers, you try to collect a set of family members. You are trying to collect Marianne Dubois's family. Using the family tree below, ask for the other cards you need, as in the model, to collect six members of the Dubois family.

Modèle: Dans la famille Dubois, je veux *(I want) le fils* de Marianne, Samuel.

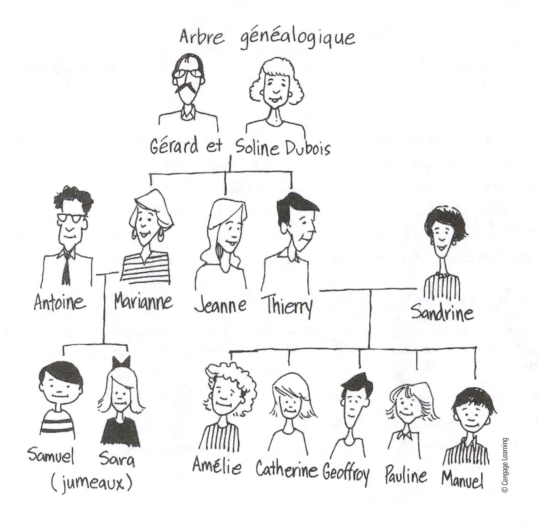

1. Dans la famille Dubois, je veux _____ de Marianne, Catherine.

2. Dans la famille Dubois, je veux _____ de Marianne, Gérard.

3. Dans la famille Dubois, je veux _____ de Marianne, Sara.

4. Dans la famille Dubois, je veux _____ de Marianne, Jeanne.

5. Dans la famille Dubois, je veux _____ de Marianne, Sandrine.

6. Dans la famille Dubois, je veux _____ de Marianne, Antoine.

Les caractéristiques personnelles

Voir Structure 3.4 Describing personalities *Les adjectifs (suite)*

D **Au contraire!** Julie is describing her first impressions of people she met. You disagree with everything she says! Choose the most logical response to complete the following sentences.

> **Modèle:** JULIE: Moi, je trouve que Paul est vraiment triste.
>
> VOUS: Au contraire! Je pense qu'il est plutôt…
>
> __X__ a. *heureux.*
>
> ____ b. gros.
>
> ____ c. paresseux.

1. JULIE: Emma est vraiment super snob!

   VOUS: Au contraire! Je trouve qu'elle est…

   _____ a. paresseuse.

   _____ b. agréable.

   _____ c. ordonnée.

2. JULIE: Tu ne penses pas que le professeur de maths est très compréhensif?

   VOUS: Ah non! Moi, je trouve qu'il est…

   _____ a. sportif.

   _____ b. sévère

   _____ c. bien élevé.

3. JULIE: Oh là là! Qu'est-ce que tu es pessimiste!

   VOUS: Pas du tout! Je suis…

   _____ a. réaliste!

   _____ b. célibataire!

   _____ c. travailleur(euse)!

4. JULIE: Moi, je trouve qu'Estelle est plutôt travailleuse!

   VOUS: Au contraire! Je pense qu'elle est…

   _____ a. paresseuse.

   _____ b. importante.

   _____ c. méchante.

5. JULIE: Megan et Fatima sont très méchantes, non?

   VOUS: Mais non! Moi, je trouve qu'elles sont très…

   _____ a. désagréables.

   _____ b. désordonnées.

   _____ c. gentilles.

6. JULIE: Je trouve que nous sommes très stressés!

   VOUS: Mais non! Nous sommes très…

   _____ a. gâtés.

   _____ b. décontractés.

   _____ c. bêtes.

E **Portrait.** Here is a portrait of Julie's brother, Lucien. Julie and her sister Élodie are exactly like him. Rewrite Lucien's portrait to describe Julie and Élodie, making all the necessary changes.

Lucien est étudiant à Paris VI. C'est un beau jeune homme sérieux et sympathique. Il est aussi sportif. Il a beaucoup d'amis. Il étudie les sciences et il aime ses cours. Le week-end il aime regarder des films. Il aime aussi surfer sur Internet mais il n'aime pas beaucoup regarder la télé.

Julie et Élodie sont _____

_____

_____

_____

F **Questions personnelles.** Respond to the following questions with complete sentences.

1. D'où viennent vos parents et où habitent-ils maintenant?

_____

_____

2. Qu'est-ce que vous aimez faire quand vous êtes avec vos parents?

_____

_____

3. Aimez-vous les grandes familles ou les petites familles? Pourquoi?

_____

_____

La chambre et les affaires personnelles

Voir Structure 3.5 Describing where things are located *Les prépositions de lieu*

G **Chassez l'intrus.** Help Julie get organized. Circle the item that does not belong in each location.

1. sur le bureau: un aquarium, une lampe, un lavabo, des stylos
2. dans le placard: un blouson, des tennis, une jupe, un téléphone
3. sur les murs: une affiche, une fenêtre, un miroir, un ordinateur
4. à côté du lit: un dock MP3, une table de nuit, un téléphone, un vélo
5. sur l'étagère: des livres, un couvre-lit, une photo, un vase

H **L'appartement idéal.** Julie is recording her impressions of a new apartment she visited this morning. Complete her description of the apartment by filling in the blanks using words from the following list. (Note that **not** all words from the list are used in the paragraph.)

choses	du	jardin	locataires	ordonnées	étagères
de l'	grand	lit	loyer	paresseux	plantes

Ce matin, j'ai vu (*I saw*) l'appartement idéal. Il est très _____ (1) et spacieux et il est

meublé: il y a un _____ (2) et une table de nuit, des _____ (3) pour tous

mes livres et beaucoup d'autres meubles. Derrière, il y a un petit _____ (4) avec de jolies

_____ (5). Il y a deux autres _____ (6), Justine et Christine. Elles sont très

sympas et _____ (7). Le _____ (8) n'est pas trop (*too*) cher et le propriétaire

_____ (9) appartement paie les charges (*utilities*). J'espère que je vais avoir cet appartement!

I **Quel désordre!** While visiting the apartment, Julie noticed one of the closets. Read the following statements and, based on what you see in the drawing, say if they are true (**vrai**) or false (**faux**).

© Cengage Learning

	vrai	faux
1. La raquette de tennis est sous le poster.	❑	❑
2. Le livre est derrière la chaîne stéréo.	❑	❑
3. Les CD sont à côté du parapluie.	❑	❑
4. Les chaussettes (*socks*) sont dans les chaussures.	❑	❑
5. Le chapeau de cow-boy est au-dessus du blouson.	❑	❑
6. La chemise est entre le manteau et le pull-over.	❑	❑

Des nombres à retenir (60 à 1 000 000)

J **Le vertige des chiffres.** Julie is going through her different monthly expenses to see if she can afford the apartment she visited.

1. Match each number on the left with its written form on the right.

Dépenses mensuelles

_____ **1.** le loyer: 355 €   **a.** soixante-cinq euros

_____ **2.** la nourriture *(food)*: 225 €   **b.** cent quarante-huit euros

_____ **3.** l'assurance auto + essence *(gas)*: 148 €   **c.** quatre-vingt-cinq euros

_____ **4.** le cinéma + le restaurant: 85 €   **d.** deux cent vingt-cinq euros

_____ **5.** le téléphone + Internet: 73 €   **e.** soixante-treize euros

_____ **6.** les vêtements + le lavomatique *(laundromat)*: 65 €   **f.** trois cent cinquante-cinq euros

_____ **2.** What is the sum of Julie's monthly expenses?

    a. neuf cent quinze euros

    b. neuf cent soixante et un euros

    c. neuf cent cinquante et un euros

Comment louer une chambre ou un appartement

K **Il est à vous!** Julie is now talking with the landlord about the apartment. She brought along the ad that she had seen in the classifieds.

Complete the 2 sections of the conversation that she has with the landlord using the words and expressions provided below.

Les présentations

> **Vocabulaire:** bureau, bus, calme, cherche, grande, jardin, louer, meubles, placards, près

CHAMBRE spacieuse dans bel appartement neuf, meublée, avec beau jardin. Calme. Placards. Salle de bains individuelle. Bus direction université et centre-ville, commerces à proximité. 430 dollars/mois (charges comprises).

PROPRIÉTAIRE: Bonjour, mademoiselle. vous cherchez une chambre à

_____ (1), c'est ça?

JULIE: Oui, monsieur. Je _____ (2) une chambre meublée, alors cette chambre

serait *(would be)* idéale pour moi. Quels *(What)* _____ (3) est-ce qu'il y a

exactement?

PROPRIÉTAIRE: Alors, vous avez un lit, une table de nuit, deux lampes et beaucoup de _____ (4).

pour les vêtements. La chambre est très _____ (5) et spacieuse. Pour étudier

il y a un _____ (6) avec une chaise confortable.

JULIE: Oui, c'est vraiment bien.

PROPRIÉTAIRE: Vous avez aussi une vue sur le _____ (7), et c'est très

_____ (8): il n'y a pas de voitures.

JULIE: Dans votre annonce *(ad)*, vous indiquez qu'il y a des _____ (9) pour aller

à l'université. Est-ce que l'arrêt *(stop)* est _____ (10) d'ici?

PROPRIÉTAIRE: Oui, c'est à trois minutes à pied *(on foot)*.

On parle argent *(money)*.

    Vocabulaire: 430, charges, colocataires, loyer, merci, réfléchir

PROPRIÉTAIRE: Pour le _____ (11), je demande _____ (12) euros

    par mois plus 2 mois d'avance. C'est moi qui paie les _____ (13): l'eau,

    l'électricité, etc.

JULIE: Très bien. Et la connexion Internet?

PROPRIÉTAIRE: Vous devez demander aux autres _____ (14), je pense qu'elles

    partagent *(split)* les frais mensuels *(monthly fees)*. Voilà... Est-ce que vous voulez

    _____ (15) un peu?

JULIE: Oh non, j'adore cette chambre!

PROPRIÉTAIRE: Eh bien, mademoiselle, vous avez l'air *(you seem)* sérieuse: la chambre est à vous!

JULIE: Fantastique! _____ (16) beaucoup, monsieur!

Synthèse: Comment trouver un(e) colocataire en ligne

The academic year is starting in several weeks and you are looking for a place to live. You'd like to have a French roommate so you go on the website **appartager.fr** and find the following ads. Select an ad and explain your choice.

    Modèle: *J'aime l'annonce no 1. Montmartre est un beau quartier de Paris et je vais étudier dans une faculté près du quartier, une chose importante. Khaled ne fume pas. Je préfère habiter avec un non-fumeur. Khaled est souvent absent. Ce n'est pas un problème parce que j'aime inviter mes amis chez moi. Il aime les colocataires ordonnés et propres et moi j'aime l'ordre. Voilà, c'est mon choix. Je préfère l'annonce de Khaled.*

1. Khaled	
Ville:	Paris, 75013
Loyer/coloc:	600 € par mois
Infos perso:	Khaled, 26 ans, Garçon, Salarié *(Employed)*, Non-fumeur
Commentaires:	Cherche un coloc' ordonné, discret et propre. Je suis souvent absent... bel appart et quartier sympa near Montmartre... quiet and clean!

2. Esther	
Ville:	Paris, 75016
Loyer/coloc:	650.00 € par mois
Infos perso:	Esther, 23 ans, Fille, Étudiante, Non-fumeur
Commentaires:	Bonjour à TOUTES!!! Je cherche une fille pour remplacer ma coloc qui part pour des études à l'étranger *(abroad)*. Je cherche donc quelqu'un qui peut m'aider avec le loyer. Je suis assez sérieuse et facile à vivre *(easy to live with)*.

3. Frédéric

Ville:	Paris, 75011
Loyer/coloc:	600.00 € par mois
Infos perso:	Frédéric, 27 ans, Garçon, Salarié, Fumeur
Commentaires:	About me: 31 ans, enseignant chercheur en urba et socio urbaine, calme et cool… Le mieux, c'est communiquer. Je propose un bel appartement de 70 m² à partager, 10e étage, grand balcon et vue panoramique.

4. Laeticia

Ville:	Paris, 75008
Loyer/coloc:	400.00 € par mois
Infos perso:	Laeticia, 23 ans, Fille, Étudiante, Fumeur
Commentaires:	URGENT… Je propose SOUS LOCATION (subletting) pour 5 MOIS seulement dans studio tout meublé. Tout confort: lit, TV, cable, cuisine (micro, four, plaques…), salle de bain (WC, douche, lave-linge…)

_____

_____

_____

_____

_____

_____

_____

_____

_____

_____

_____

_____

_____

_____

🌐 Perspectives culturelles

A Read **La famille francophone sur trois continents** on page 67 and complete the following sentences with the appropriate word.

1. Pour les Français, la famille est une valeur _____ importante.
   a. assez   **b.** très   **c.** pas du tout

2. Mais, comme aux États-Unis, le divorce est _____ fréquent.
   a. peu   **b.** assez   **c.** pas du tout

3. Souvent, les jeunes Français choisissent (*choose*) une université _____ loin de la résidence de leurs parents.
   a. assez   **b.** très   **c.** pas

4. Le modèle de famille élargie est plus typique _____.
   a. en France   **b.** au Québec   **c.** en Afrique francophone

5. Au Sénégal, comme dans beaucoup de pays africains, _____ sont très respectés.
   a. le père et les vieux   **b.** la mère et les vieux   **c.** le fils et le bébé

6. Le modèle québécois de la grande famille traditionnelle avec le père autoritaire a changé pendant les années _____.
   a. 50   **b.** 60   **c.** 80

7. L'union libre pour les couples est _____ au Québec et en France.
   a. légale et acceptée   **b.** légale mais taboue   **c.** illégale

B Read **La vogue de la coloc** on page 77 of your textbook and complete the following sentences with the appropriate word(s).

1. La colocation est _____.
   a. une nouvelle façon de vivre (*way of living*) pour les étudiants français
   b. la façon traditionnelle de vivre pour les étudiants français
   c. un nouveau site Internet réservé pour les étudiants français

2. Selon le texte, l'avantage de la colocation, c'est qu'on peut _____.
   a. être loin de ses parents
   b. partager le coût du loyer
   c. organiser beaucoup de fêtes

3. Selon le texte, un des risques de la colocation est: _____.
   a. les colocs qui refusent de participer aux fêtes
   b. les colocs qui refusent de ranger l'appart
   c. les colocs qui refusent d'être compréhensifs avec le propriétaire

4. Pour trouver un(e) coloc, on _____.
   a. téléphone à ses amis
   b. va à la bibliothèque
   c. cherche en ligne

C **Voix en direct**

Read the **Voix en direct** section on page 78 of your textbook and select the correct answer.

_____ 1. Selon (*According to*) le texte, vivre en colocation en France signifie…
   a. partager sa chambre.
   b. partager un appartement mais pas sa chambre.
   c. vivre dans une résidence universitaire.

_____ 2. Pour être un(e) bon(ne) colocataire, selon le texte, il faut être…
   a. ordonné(e) et sociable.
   b. curieux(se) et propre.
   c. discret(ète) et timide.

_____ 3. Craig's list n'existe pas en France.
   a. vrai
   b. faux

_____ 4. Hugo habite chez ses parents parce que (qu')…
   a. en France, les parents habitent près des universités.
   b. il ne sait pas comment faire pour trouver un studio.
   c. c'est pratique et c'est moins cher.

Travail et loisirs

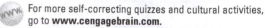

Module 4

For more self-correcting quizzes and cultural activities, go to **www.cengagebrain.com**.

Les métiers

Voir Structure 4.1 Talking about jobs and nationalities *Il / Elle est* ou *C'est* + *métier / nationalité*

A **Les métiers.** Choose the occupation that does NOT fit with the TV show or business listed. You'll recognize some jobs you haven't studied because they're close to their English equivalent.

> **America's Next Top Model**
>
> **Glee**
>
> **Grey's Anatomy**
>
> **Prison Break**
>
> **Mad Men**
>
> **American Chopper**
>
> **NCIS**
>
> © Cengage Learning

1. *America's Next Top Model* (une agence de mannequins *[models]*): un photographe, une styliste, des artistes, une femme au foyer

2. *Glee* (un lycée): des étudiants, un professeur, un directeur d'école, une ouvrière

3. *Grey's Anatomy* (un hôpital): des médecins, des vendeuses, des infirmières, des patients

4. *Prison Break* (une prison): des avocats, des agents de police, une artiste, des gardes

5. *Mad Men* (un bureau): un juge, des femmes d'affaires, des secrétaires, des cadres

6. *American Chopper* (un garage pour motocyclettes): un médecin, un client, des mécaniciens

7. *NCIS* (un groupe anti-terroriste): un agent secret, un officier de la marine, un employé de banque, des agents de police

B **Quel métier?** Match each activity to the appropriate job.

_____ 1. Il fait du travail manuel dans une usine.

_____ 2. Elle joue avec les enfants quand les parents sont au cinéma ou au restaurant.

_____ 3. Il aide le médecin et il calme les patients.

_____ 4. Il enseigne la langue française à ses étudiants.

_____ 5. Elle travaille dans un café et elle donne aux clients du thé ou du chocolat chaud.

_____ 6. Il pose beaucoup de questions et il critique les hommes politiques.

_____ 7. Elle reste à la maison avec ses enfants et s'occupe de la maison.

_____ 8. Elle est dans un groupe de punk rock.

_____ 9. Il est l'auteur de livres de fiction.

_____ 10. Elle travaille dans le management de son entreprise.

a. une femme au foyer

b. une chanteuse.

c. un journaliste

d. un ouvrier

e. un cadre

f. un écrivain

g. une baby-sitter

h. une serveuse

i. un infirmier

j. un professeur

C **Que font-ils?** Choose the activity that best fits the job.

_____ 1. Un mécanicien…

    a. cultive des roses.

    b. aide les patients.

    c. répare les voitures.

_____ 2. Une avocate…

    a. enseigne le français.

    b. critique les acteurs.

    c. défend ses clients.

_____ 3. Un agent de police…

    a. répare les ordinateurs.

    b. arrête les criminels.

    c. tape à l'ordinateur.

_____ 4. Une secrétaire…

    a. organise l'agenda d'une femme d'affaires.

    b. répare les voitures.

    c. fait du travail bénévole.

_____ 5. Un agriculteur…

    a. joue au football américain.

    b. skie dans le Colorado.

    c. cultive la terre *(earth)*.

D **Les petites annonces.** Here are some job ads from a French newspaper. Fill in the name of the job, as in the model.

Modèle: Recherche *professeur* pour donner des cours de littérature à des étudiants de 18 à 24 ans. Université de Paris IV.

1. Recherche _____ diplômé(e), avec dix ans d'expérience dans la défense des accidentés de la route. Tribunal de Lyon.

2. Recherche _____ pour compléter un groupe de rock local.

3. Recherche _____ diplômé(e) avec expérience en pédiatrie.

4. Recherche _____ qualifié(e) pour réparation de voitures d'importation Mercédès et Volvo.

5. Recherche _____ pour hôtel-café-restaurant à Lausanne.

6. Recherche _____ pour organiser un bureau d'avocats. Deux ans d'expérience (prise de rendez-vous, réception d'appels, tenue d'agenda).

7. Recherche _____ pour servir une clientèle jeune dans une petite boutique de vêtements.

E **Une compétition.** Paul, Virginie, and Arthur are very competitive. Here, they are testing their knowledge of foreign celebrities. Complete their dialogue with **un, une, des,** or –, if no article is required.

VIRGINIE: Paul, tu connais Jennifer Lopez?

PAUL: Ben, bien sûr! C'est _____ (1) chanteuse américaine. Et en plus, elle était _____ (2) juge dans l'émission (*show*) American Idol.

ARTHUR: Paul a raison (*is right*). Et moi, je sais autre chose (*something else*) sur JLo: c'est aussi _____ (3) très bonne danseuse.

VIRGINIE: Vous oubliez (*You are forgetting*) qu'elle est _____(4) actrice aussi.

PAUL: Ok, ok, mais toi, est-ce que tu connais Benicio Del Toro?

VIRGINIE: Hmmm, attends, je réfléchis… Est-ce que c'est _____ (5) acteur espagnol?

PAUL: Eh bien, il est _____(6) acteur, mais il n'est pas _____(7) espagnol.

ARTHUR: Moi, je sais! Il est _____ (8) portoricain. Je l'adore, il a joué dans le film *Ché*. L'actrice Julia Ormond est _____ (9) journaliste dans ce film. Tous les deux, je trouve que ce sont _____ (10) acteurs excellents!

PAUL: Bon, bon, très bien, deux points pour toi…

F **Identité réelle / Identité fictive?** A group of Second Life users from various countries reveal their online identities. Follow the model to identify them.

> **Modèles:** Jack habite à New York City et il sert les clients à Macy's.
> *C'est un vendeur américain.*
>
> Madiba habite à Bruxelles.
> *Elle est belge. (C'est une Belge).*

1. Gerhardt habite à Berlin et il assure la sécurité dans la ville.

   _____

2. Samuel habite à Genève.

   _____

3. Kadhir habite à Dakar et il s'occupe de l'agenda d'un homme d'affaires.

   _____

4. Jamel et Ibrahim habitent à Alger.

   _____

5. Ludmila et Natasha habitent à Moscou et elles travaillent sur des robots dans une usine.

   _____

6. Jia habite à Pékin et elle est l'assistante d'un docteur dans une clinique.

   _____

Les lieux de travail

Voir Structure 4.2 Telling where people go to work *Le verbe **aller** et la préposition **à***

G **Le trajet du matin.** Indicate where the following people are going to work.

> **Modèle:** Jacques est cuisinier; il *va au restaurant* à bicyclette.

1. Nicole est infirmière; elle _____ à pied.

2. Monsieur et Madame Legendre sont ouvriers chez Peugeot; ils _____ en bus.

3. Mon collègue et moi sommes professeurs d'économie à la Sorbonne; nous _____
   _____ ensemble.

4. Toi, tu es banquière; tu _____ avec Paul, n'est-ce pas?

5. Monsieur Privat est chef d'entreprise; il _____ avec son chauffeur.

6. Catherine Rochard et Évelyne Rolland sont vendeuses; elles _____ tous les matins.

Comment dire l'heure et parler de son emploi du temps

Voir Structure 4.3 Talking about daily activities *Les verbes pronominaux (introduction)*

H **C'est à quelle heure?** Your American friend, Jake, is not familiar with the twenty-four-hour clock. Help him with his schedule by converting the following official times, as in the model.

>**Modèle:** restaurant universitaire, 12h35
>
>Tu vas déjeuner avec Alice *à une heure moins vingt-cinq.*

1. la Sorbonne, 13h50

   Tu as un cours de chimie à _____ .

2. club de sport Vaugirard, 15h45

   Tu vas à la piscine à _____ .

3. Café de Flore, avec Pierre et Jacques, 17h00

   Tu as rendez-vous avec Pierre et Jacques à _____ .

4. chez Julien, 19h15

   Tu dînes chez Julien à _____ .

5. cinéma Odéon avec Valérie, 21h35

   Tu vas voir un film avec Valérie à _____ .

I **En retard!** Your neighbor is about to miss his train, **le RER**, to Paris. Complete the following conversation, using the elements provided.

travaillez	heure	à	à mi-temps	quelle	en retard
infirmier	il est	le temps de	il part à	occupé(e)	

VOTRE VOISIN: Excusez-moi! _____ (1) heure est-il, s'il vous plaît?

VOUS: _____ (2) 15h35.

VOTRE VOISIN: _____ (3) quelle _____ (4) part le prochain *(next)* RER

pour Paris?

VOUS: _____ (5) 15h45.

VOTRE VOISIN: Dans dix minutes! Mon Dieu, je suis _____ (6)!

VOUS: Alors, venez avec moi en voiture *(car)*. C'est plus rapide.

VOTRE VOISIN: Merci beaucoup!

Pendant le trajet (trip) *en voiture*

VOUS: Est-ce que vous _____ (7) à plein temps?

VOTRE VOISIN: Non, je travaille _____ (8) dans un hôpital.

VOUS: Ah, vous êtes _____ (9)!

VOTRE VOISIN: Oui, j'aime beaucoup mon métier.

VOUS: Voilà, nous sommes devant l'hôpital.

VOTRE VOISIN: Merci beaucoup de votre aide! Est-ce que vous avez _____ (10) boire un

café avec moi vers 17 heures?

VOUS: Désolé(e), je suis très _____ (11) aujourd'hui, mais demain oui.

VOTRE VOISIN: Très bien, alors à demain!

J L'horaire des étudiants. An American college student, Meghan, is being interviewed by a Canadian student, Michel, for a university radio station. Complete the interview with the appropriate present tense form of the verbs in parentheses.

MICHEL: Bonjour et merci d'être dans nos studios ce matin pour répondre à mes questions sur l'horaire des

étudiants. Il est très tôt. Est-ce que vous _____ (1. se lever) tôt en général?

MEGHAN: Oui, le matin, je _____ (2. se lever) souvent avant 7h00.

MICHEL: Alors, vous êtes matinale *(a morning person)*! Qu'est-ce que vous faites avant d'aller en cours?

MEGHAN: Eh bien, d'abord *(first)*, je bois *(I drink)* un café très chaud. Je _____

(3. s'habiller) et je _____ (4. se préparer) pour aller en cours.

MICHEL: Qu'est-ce que vous faites après les cours?

MEGHAN: Souvent, je _____ (5. se relaxer) un peu et puis je fais mes

devoirs. J'ai toujours beaucoup de devoirs à faire. Ensuite, mes amis et moi, nous

_____ (6. se retrouver) dans un café près du campus mais je ne reste pas très

longtemps. Je _____ (7. se dépêcher) pour aller au travail. Je travaille jusqu'à

huit heures.

MICHEL: Vous êtes très occupée! À quelle heure est-ce que vous _____ (8. se coucher)?

MEGHAN: Je _____ (9. se coucher) vers minuit en général.

MICHEL: Merci beaucoup pour vos réponses!

K La vie au Palais de l'Élysée. French President François Hollande and his partner Valérie Trierweiler talk about their life in the Élysée Palace to a French magazine. Fill in the blanks with the verbs in the present tense.

PRÉSIDENT HOLLANDE: Le matin, je _____ (1. se lever) très tôt parce que j'ai beaucoup

à faire. Valérie _____ (2. se lever) en même temps *(at the same*

time) que moi. Nous aimons prendre le petit déjeuner *(eat breakfast)* ensemble. Nous

_____ (3. parler) des activités de la journée: de mes réunions et

des obligations de Valérie.

VALÉRIE TRIERWEILER: Après le départ de François, je _____ (4. regarder) les

informations à la télé, et puis je _____ (5. m'habiller). Mes

assistants _____ (6. se dépêcher) pour arriver à neuf heures et

nous _____ (7. se préparer) pour les activités de la journée.

LE JOURNALISTE: Quand est-ce que vous _____ (8. se relaxer), Monsieur le

Président?

PRÉSIDENT HOLLANDE: S'il n'y a pas d'activité officielle, Valérie et moi nous _____

(9. aimer) dîner ensemble, surtout dans mon bistro préféré au 15e arrondissement.

Une petite sortie du palais, c'est super. Ensuite, nous _____ (10. se

coucher) vers 23h00.

Les activités variées

Voir Structure 4.4 Talking about leisure activities *Les verbes **faire** et **jouer** pour parler des activités*

L **Les passe-temps.** What do your friends do in their spare time? Base your answer on the picture and use either a **faire** or a **jouer** expression.

Modèle: *Tu*

Tu fais du football. / Tu joues au football.

1. Paul et Lucas _____
   _____

2. Alberto _____
   _____

3. Vous _____
   _____

4. Nous _____
   _____

5. Helen _____
   _____

6. Nous _____
   _____

7. Eric _____
   _____

8. Je _____
   _____

© Cengage Learning

M **Vos activités.** Describe the activities you and your friends and family members usually do by completing the following sentences with expressions with **jouer** and **faire**.

1. Quand je suis à la plage en été, je _____.

2. Après les cours à l'université, mes amis et moi, nous _____.

3. Quand mon meilleur ami est à la montagne en hiver, il _____.

4. Le week-end, ma meilleure amie _____.

5. Tous les étés, mes parents _____.

6. Après le déjeuner, ma camarade de chambre et moi, nous _____

_____

N **Questions personnelles.** Answer the following questions with a complete sentence.

1. Quel(s) sport(s) ou quelles activités faites-vous pendant l'année scolaire?

_____

_____

2. À quelle heure est-ce que vous avez votre cours de français?

_____

3. Qui fait le ménage et la cuisine chez vous?

_____

Les projets

Voir Structure 4.5 Making plans *Le futur proche*

O **Une semaine très occupée.** A shopkeeper is planning the week ahead with his wife. Fill in the blank with the correct form of **aller** to form **le futur proche**.

LE COMMERÇANT: La semaine prochaine, nous (1)_____ avoir beaucoup de

choses à faire. Je (2)_____ ouvrir *(to open)* le magasin à

8h00 du matin. Lundi, les employés (3)_____ organiser

tous les nouveaux articles.

SA FEMME *(His wife)*: Mardi, Marie (4)_____ faire des changements dans le rayon

(aisle) des jeux. L'après-midi, Marie et toi, vous (5)_____

surfer sur Internet pour trouver les derniers jeux à la mode. Je

(6)_____ aider les clients.

LE COMMERÇANT: Mercredi, Marie (7)_____ taper à l'ordinateur la liste de

tous les nouveaux jeux à acheter *(to buy)*.

SA FEMME: Très bien… Jeudi, nous (8)_____ faire la grasse matinée.

LE COMMERÇANT: C'est une bonne idée. Jeudi (9)_____ être calme. Vendredi,

les clients (10)_____ faire des courses pour le week-end.

SA FEMME: Oui, nous (11)_____ être très occupés.

P **Les projets.** Tomorrow is President's Day. Paul, Fatima, and Virginie are talking about their plans for the long weekend. Complete the sentences using **le futur proche** and selecting a logical element from the list.

faire du	faire la cuisine	faire des courses
étudier non-stop	faire du jogging	faire
ne pas être	passer	

PAUL: Qu'est-ce que vous _____ (1) ce week-end?

FATIMA: Ma sœur et son copain viennent *(come)* chez moi. Alors, je _____ (2) au supermarché, mais je ne sais pas cuisiner, alors ils _____ (3) pour moi. Super, non? Samedi matin, nous _____ (4) vélo le long de *(along)* la plage, et après je ne sais pas, on verra *(we'll see)*!

VIRGINIE: Moi, mon week-end _____ (5) très amusant: j'ai deux gros examens mardi, alors je _____ (6).

FATIMA: Et toi, Paul, est-ce que tu _____ (7) dimanche matin, comme d'habitude *(as usual)*?

PAUL: Non, je suis tombé *(I fell)* en faisant du tennis, alors je ne peux pas courir *(run)*.

VIRGINIE: Eh bien, il n'y a que *(only)* Fatima qui *(who)* _____ (8) un bon week-end!…

Synthèse: Stage à Pôle-emploi.fr

You are doing a summer internship at Pôle-emploi, an online employment clearinghouse sponsored by the French government. Using the information given, write a letter to introduce the candidates that follow to a prospective employer.

Modèle: <u>Fiche de renseignements</u>
Nom: Jeannet
Prénom: Élisa
Âge: 31 ans
Domicile: 38, avenue de Gaule, Toulouse
Métier: secrétaire
Recherche: temps complet
Salaire: 23 000 €/an
Loisirs: danse, natation

<u>Notes pour le dossier</u>
Elle s'appelle Élisa Jeannet et elle a 31 ans. Elle habite 38, avenue de Gaule à Toulouse. Elle est secrétaire et elle cherche un travail à temps complet. Elle demande un salaire de 23 000 euros par an. Elle aime faire de la danse et de la natation.

1.

Fiche de renseignements			
Nom	Bensaïd	**Métier**	professeur de mathématiques
Prénom	Magali	**Recherche**	temps partiel
Âge	34 ans	**Salaire**	15 000 euros/an
Domicile	18, rue Briçonnet, Tours	**Loisirs**	tennis, yoga

Notes pour le dossier

_____

_____

_____

_____

_____

2.

Fiche de renseignements			
Nom	Broussard	**Métier**	architecte
Prénom	Hector	**Recherche**	temps complet
Âge	45 ans	**Salaire**	45 000 euros/an
Domicile	3, rue des Canaris, Lyon	**Loisirs**	golf, films américains des années 50

Notes pour le dossier

_____

_____

_____

_____

_____

3. Now imagine that you have found a job that interests you. Complete the information card and create a short letter introducing yourself to the prospective employer.

<u>Fiche de renseignements</u>

Nom: _____

Prénom: _____

Âge: _____

Domicile: _____

Métier: _____

Recherche: _____

Salaire: _____

Loisirs: _____

<u>Notes pour le dossier</u>

_____

_____

_____

_____

_____

_____

🌐 Perspectives culturelles

A Reread **Qui sont les grands groups français?** on page 104 in your textbook. Match the company name with their product(s).

_____ 1. LVHM   a. des pneus (*tires*)

_____ 2. L'Oréal   b. des banques

_____ 3. Total   c. des magasins comme Louis Vuitton, Sephora

_____ 4. BNP Paribas   d. du yaourt

_____ 5. Michelin   e. des cosmétiques

_____ 6. Danone   f. des satellites

_____ 7. Arianespace   g. des stations services, des carburants (*fuels*)

B Reread **Le travail moins traditionnel** on page 107 in your textbook and answer the following questions.

1. Imaginez un week-end typique de Sara. Faites une liste de trois (3) de ses loisirs / activités.

_____

_____

_____

2. À votre avis (*In your opinion*), qu'est-ce qu'Alain aime faire pendant le week-end? Faites une liste de trois possibilités logiques.

_____

_____

_____

C **Voix en direct: Que pensez-vous du travail?** Read the **Voix en direct** section on page 108 of your textbook and select the best option to complete the statements below.

1. Delphin Ruché travaille dans le/la

_____ **a.** tourisme

_____ **b.** construction

_____ **c.** conservation

2. Pour Vanessa de France, une priorité au travail est

_____ **a.** gagner un bon salaire

_____ **b.** travailler en équipe

_____ **c.** avoir des heures flexibles

3. Laetitia Huet

_____ **a.** aime être professeur

_____ **b.** pense être professeur toute sa vie

_____ **c.** pense qu'on doit aimer son travail 100% du temps

On sort?

 For more self-correcting quizzes and cultural activities, go to **www.cengagebrain.com**.

Comment parler au téléphone

Voir Structure 5.1 Talking about what you want to do, what you can do, and what you have to do
*Les verbes **vouloir**, **pouvoir** et **devoir***

A **Une conversation téléphonique.** You are a Canadian student studying French literature at the Sorbonne. You have just met a new friend, Mehdi, at the fac. He calls to invite you to the department picnic next Sunday. Fill in the blanks with the correct forms of **vouloir, pouvoir,** and **devoir.**

MEHDI: Allô. Bonjour, c'est Mehdi.

VOUS: Bonjour, Mehdi, comment vas-tu?

MEHDI: Bien, merci. Dis-moi, est-ce que tu _____ (1) aller à un pique-nique ce week-end avec les amis de la fac de lettres?

VOUS: Oui, euh, je _____ (2) bien, mais malheureusement je ne _____ (3) pas car je _____ (4) présenter un exposé *(oral presentation)* lundi.

MEHDI: Écoute, le pique-nique commence vers 13 heures. Si *(If)* tu _____ (5), nous _____ (6) partir vers 14 heures. Comme ça, tu _____ (7) travailler avant!

VOUS: C'est gentil, mais le professeur _____ (8) un travail très compliqué. Deux amies de l'université _____ (9) m'aider. Alors, tu vois, je n'ai vraiment pas le temps de venir au pique-nique! Nous _____ (10) faire autre chose le week-end prochain.

MEHDI: D'accord! Alors travaille bien, mais ne te fatigue pas trop! À bientôt!

Nom _____ Date _____ Cours _____

Comment inviter

Voir Structure 5.2 Talking about going out with friends *Les verbes comme sortir*

B **Les week-ends de Mehdi.** Mehdi tells you how he usually spends his weekend. Complete his description by writing the correct form of **sortir, partir, dormir,** or **servir.**

Moi, le week-end, c'est relax! Le vendredi soir, mon meilleur ami et moi, nous _____ (1) en boîte, toujours la même: Les Caves du Roy. Les barmen des Caves _____ (2) d'excellents cocktails et la musique est vraiment cool. On rentre à 4 heures du matin, alors le samedi, je _____ (3) jusqu'à *(until)* onze heures ou midi! L'après-midi, mes amis et moi _____ (4) pour la bibliothèque. Le soir, mon ami _____ (5) avec sa copine et moi, je me relaxe devant la télé. Le dimanche matin, je _____ (6) très tôt pour faire une promenade en forêt. Pendant que *(While)* tous les autres étudiants _____ (7) bien au chaud *(nice and warm)*, moi, j'admire la nature. C'est formidable!

C **Quelle coïncidence!** Sometimes, a comment about your interests will bring you an unexpected invitation. Match each comment on the left with the related invitation.

_____1. J'adore regarder les Oscars ou le festival de Cannes, le cinéma est une passion pour moi.

_____2. Le week-end, je vais en boîte avec mes copains. Et toi?

_____3. Moi, j'aime bien les artistes de la chanson française.

_____4. J'aime bien la cuisine française traditionnelle. Dommage *(Too bad)* que je ne sache pas faire la cuisine.

_____5. Je ne connais pas bien l'opéra. Tu aimes ça, toi?

a. Oui? J'ai des billets pour le concert de Paris Combo. Ça te dit de venir avec moi?

b. Ma coloc' va faire son fameux bœuf bourguignon ce soir. Tu aimerais dîner avec nous?

c. Moi, j'ai un abonnement *(membership)* à la cinémathèque. Tu voudrais devenir membre aussi? On pourrait voir des films ensemble.

d. Ouais! Tu sais mon copain ne peut pas venir voir *Le Mariage de Figaro* avec moi demain soir. Tu aimerais acheter son billet?

e. Moi aussi! Viens avec moi et Océane. On va au Techno Club samedi soir.

D **Ça te dit?** Today is Monday. Based on Mehdi's schedule, determine his most reasonable and honest answers to the following invitations.

	lundi	mardi	mercredi	jeudi	vendredi	samedi	dimanche
matin	**Cours à la fac**	**Cours à la fac**	**Cours à la fac**		**Cours à la fac**	Marathon	Étudier
après-midi	Rendez-vous dentiste à 15h	Gym de 14h à 15h30		Piscine de 14h à 15h30			Étudier
soir	Travailler pour examen		Dîner avec Pascale?		Au lit à 21h!		Étudier

_____1. Mehdi, tu es libre pour aller au resto lundi soir avec moi et Tatiana?

    a. Oui, à quelle heure?

    b. Désolé, je ne peux pas: j'ai un examen mardi et je dois étudier.

    c. Absolument! Je n'ai rien à faire lundi soir.

_____2. J'ai deux billets pour voir le nouveau film de Brad Pitt en avant-première (preview) mercredi soir, tu veux venir?

    a. Ah, malheureusement, je ne peux pas, je dois travailler.

    b. Génial! J'accepte!

    c. Euh… peut-être, je ne sais pas encore (yet).

_____3. Je vais à la gym jeudi à 13h30. Ça te dit d'y aller avec moi?

    a. Je veux bien, oui.

    b. Moi, je pensais aller à la piscine. Tu veux m'accompagner?

    c. D'accord, je suis libre tout l'après-midi!

_____4. Tu veux sortir en boîte avec Yasmine et moi vendredi soir?

    a. J'aimerais bien, mais j'ai un marathon samedi matin, alors je dois conserver mon énergie.

    b. Excellente idée!

    c. Désolé, je dois travailler pour un examen.

E **Questions personnelles.** Answer the following questions with complete sentences.

1. Que faites-vous avec vos amis le week-end?

_____

_____

2. Quand vous allez au cinéma, vous sortez après le film? Où est-ce que vous allez?

_____

_____

3. Quand vous avez le blues, vous préférez aller dans un endroit calme pour discuter avec un(e) ami(e) ou sortir dans un endroit où il y a beaucoup de gens et de musique?

_____

_____

Rendez-vous au café

Voir Structure 5.3 Using pronouns for emphasis *Les pronoms accentués*

Voir Structure 5.4 Talking about eating and drinking *Prendre, boire et les verbes réguliers en -re*

F **Chassez l'intrus.** Identify the drinks that do not fit in the following lists, and identify the category the other drinks belong to.

des boissons alcoolisées   **des boissons non alcoolisées**   **des boissons froides**

des boissons chaudes

> **Modèle:**   un café, un coca light, un Orangina, une eau minérale
>
>   **Catégorie:** *des boissons sans calories*

1. un chocolat chaud, un thé citron, un expresso, un jus d'orange, un café au lait

   Catégorie: _____

2. un jus de tomate, un Coca-Cola, une infusion, une eau minérale, une limonade

   Catégorie: _____

3. un cappuccino, un vin rouge, une bière, une coupe de champagne, un vin blanc

   Catégorie: _____

4. un jus d'orange, un demi, un jus de pomme, un verre de lait, un Orangina

   Catégorie: _____

G **Qu'est-ce que vous prenez?** Mehdi, Zoé, and Sarah have accepted your invitation to the Cannes Film Festival! Imagine that the four of you are now sitting on a **terrasse** having a drink and watching the stars go by. Complete your conversation by using words from the list below, conjugating the verbs as needed.

    comprendre   **elle**   **prendre**   **attendre**   **boire**   **descendre**   **lui**

> **Vous:** Regarde! C'est Charlize Theron qui _____ (1) de la limousine! C'est qui,
>
>   avec _____ (2)?
>
> **Isabelle:** Je crois que c'est Jean-Paul Gaultier, son couturier.
>
> **Mehdi:** Est-ce que tu _____ (3) ce qu'ils disent?
>
> **Zoé:** Mon anglais n'est pas très bon, mais je pense qu'ils parlent de son agent. Ils
>
>   _____ (4) son arrivée *(arrival)*.
>
> **Vous:** Qu'est-ce qu'ils _____ (5) comme boissons?
>
> **Isabelle:** Charlize, elle _____ (6) un cappuccino et Gaultier,
>
>   _____ (7), il _____ (8) un verre de cognac!

H **En avant-première.** Mehdi and Zoé have gone to ask Charlize Theron for her autograph. Meanwhile, Sarah and you stay at the **terrasse** and talk about the festival and its stars. Complete the conversation with stress pronouns: **moi, toi, elle / lui, nous, vous, eux / elles.**

VOUS: C'est marrant (*funny*) de voir Zoé et Medhi si fanas de quelqu'un, _____ (1) qui sont d'habitude si calmes et posés!

SARAH: _____ (2), j'aimerais beaucoup faire la connaissance de Samuel L. Jackson. Et _____ (3), qui est-ce que tu voudrais rencontrer (*meet*)?

VOUS: Je ne sais pas… J'aime bien Clint Eastwood et Sean Penn, aussi. Avec _____ (4), les conversations sont sûrement très intéressantes.

Mehdi et Zoé reviennent avec un autographe.

SARAH: Alors, elle est comment, Charlize Theron?

MEHDI: Ah, la vie avec _____ (5) doit être le paradis!

ZOÉ: Oui, elle est très sympa. Regardez: deux billets pour l'avant-première de son nouveau film demain soir!

VOUS: Pour _____ (6) deux?

ZOÉ: Eh oui, pour _____ (7) deux seulement! Désolée!

La météo

I **Le temps et les activités.** In Cannes the weather is often beautiful and people spend time at the beach. What activities do you associate with the following weather?

_____ **1.** Il fait très beau et chaud à Malibu.

_____ **2.** À la campagne dans l'Oregon, il y a des nuages, mais il fait doux.

_____ **3.** À Londres, il y a du brouillard et il fait très froid.

_____ **4.** Il neige dans les Alpes.

_____ **5.** Il fait beau mais il y a beaucoup de vent.

_____ **6.** Il y a un orage.

a. On fait du cerf-volant (*kite*).

b. On reste à l'intérieur et on joue au Monopoly avec ses copains.

c. On fait une promenade dans la forêt avec son chien.

d. On boit un thé bien chaud dans un pub avec un ami.

e. On met un blouson et un gros pull-over pour faire du ski.

f. On va à la plage.

J **Quel temps fait-il?** The weather in Cannes in the month of May is very pleasant: sunny and warm. Describe the weather in the following places and seasons. Write two sentences for each.

1. Québec en hiver

_____

_____

2. Madrid en été

_____

_____

3. Seattle en automne

_____

_____

4. San Francisco au printemps

_____

_____

Comment faire connaissance

Voir Structure 5.5 Asking questions *L'interrogatif*

K **Une soirée inoubliable *(An unforgettable evening)*.** Mehdi is now at a private party with his idol, Charlize Theron. He meets a few of her friends who are very curious about this young stranger. Select the appropriate question word to complete their questions.

1. _____ viens-tu?
   - **a.** Où
   - **b.** D'où
   - **c.** Quel

2. _____ il fait beau en Lorraine?
   - **a.** Qu'est-ce qu'
   - **b.** Quel temps
   - **c.** Est-ce qu'

3. _____ tu étudies?
   - **a.** Qu'est-ce que
   - **b.** Qui est-ce que
   - **c.** Qu'est-ce

4. _____ tu connais Charlize?
   - **a.** Comment est-ce que
   - **b.** Quand est-ce que
   - **c.** Combien est-ce que

5. _____ film préfères-tu, *Æon Flux* ou *Monster*?
   - **a.** Quels
   - **b.** Quelle
   - **c.** Quel

6. _____ est ton acteur préféré?
   - **a.** Qui
   - **b.** Qu'
   - **c.** Qui est-ce

L **Une star après l'autre.** Mehdi has the good fortune to strike up a conversation with Penelope Cruz. Write four yes-no questions that Penelope and Medhi ask each other, using one of each: **est-ce que, n'est-ce pas, non** and **hein.**

1. _____
2. _____
3. _____
4. _____

M **Les questions des fans.** Some journalists and paparazzi chase after stars to find answers to the many questions their fans ask about them. Here is a list the readers of the magazine *Jeunes fans* sent them. Based on the journalists' answers, write the questions the fans asked using the cues in parentheses.

Modèle: Question: Pink, *à quelle heure est-ce qu'elle se couche?* (est-ce que)

Réponse: Elle se couche <u>vers une heure du matin</u>.

Question 1: Coldplay, _____? (est-ce que)

Réponse: Ils vont commencer leur prochaine tournée *(concert tour)* <u>en juin</u>.

Question 2: Brad Pitt et Angelina Jolie, _____? (inversion)

Réponse: Ils ont <u>six enfants au total</u>.

Question 3: Keira Knightley, _____? (inversion)

Réponse: Elle vient <u>de Londres</u>.

Question 4: La femme de Will Smith, _____? (inversion)

Réponse: Elle s'appelle <u>Jada Pinkett Smith</u>.

Question 5: Cameron Diaz, _____? (quel)

Réponse: Son premier film est *<u>The Mask</u>*.

Question 6: Beyoncé, _____? (est-ce que)

Réponse: Elle va sortir son prochain album <u>dans 6 mois</u>.

N **À vous!** Whom do you dream of interviewing? An actor? A singer? A politician? A writer? Choose one person and ask him/her 5 questions, using inversion and **est-ce que.**

Le nom de la personne que vous interviewez: _____

1. _____

2. _____

3. _____

4. _____

5. _____

⓪ On sort ce soir. After the first film screening, you and Zoé go out for a drink. Fill in the blanks of your dialogue with the words and phrases provided in the list.

attends	comprends	deux jus d'orange	devons	il fait très beau	moi
part	partons	peux	prends	vais	veux

ZOÉ: Quel temps magnifique!

VOUS: Oui, _____ (1). Dis-moi, qu'est-ce que tu _____ (2)?

ZOÉ: Un jus d'orange bien frais!

VOUS: Bonne idée! _____ (3) aussi! Ah, voilà le serveur. S'il vous plaît!

_____ (4). Ah! C'est très

agréable d'être en vacances!

ZOÉ: Malheureusement, nous _____ (5) pour Paris dans deux jours pour préparer

les examens de fin d'année.

VOUS: Mais ce soir, nous _____ (6) nous amuser! Tu _____ (7)

aller faire une promenade sur la plage?

ZOÉ: D'accord. Ah, je _____ (8) maintenant ce qu'est *(what is)* la *dolce vita*!

VOUS: Zut! Je n'ai pas mon porte-feuille *(wallet)*. Tu _____ (9) payer pour moi, s'il te plaît?

ZOÉ: D'accord! Je _____ (10) aux toilettes, tu m' _____ (11)?

Après ça, on _____ (12) faire une promenade sur la plage!

Synthèse: Rendez-vous au café

You are at a French café with a friend. Invent the dialogue. This will give you the opportunity to use the language you have learned so far. **Suggestions:** order drinks; begin a conversation; talk about the weather, your courses, your schedule, and your free time activities; and invite your friend to do something with you.

_____

_____

_____

_____

_____

_____

_____

_____

_____

_____

_____

_____

_____

🌐 Perspectives culturelles

A La communication par téléphone se transforme

A. Reread **La communication par téléphone se transforme** on page 133 of your textbook, and answer **vrai** ou **faux**.

1. Les Français préfèrent les portables classiques aux smartphones. _____

2. Comme aux Etats-Unis, l'internet mobile est très populaire en France. _____

3. Les jeunes préfèrent envoyer des textos parce que c'est pratique et moins cher. _____

B. Do you know how to text in French? Match each item on the left with its corresponding abbreviation or equivalent on the right.

1. _____ bonjour   **a.** pq

2. _____ beaucoup   **b.** tt

3. _____ bizous (au revoir) **c.** g

4. _____ tout   **d.** coucou

5. _____ pourquoi   **e.** bcp

6. _____ j'ai   **f.** biz

B Le café

Reread **Le café** on page 137 of your textbook, and select the correct answer.

1. Il y a **de plus en plus / de moins en moins** de cafés en France.

2. Les Français **peuvent / ne peuvent pas** fumer dans les cafés en France.

3. Le nomadisme — acheter un sandwich à emporter — est une coutume typiquement **anglo-saxonne / française.**

4. Les Français consomment **plus / moins** d'alcool maintenant qu'avant.

5. Le café reste important parce que **c'est un lieu de rencontre / les prix y sont bons.**

C Voix en direct: Vous allez au café combien de fois par semaine?

Reread **Voix en direct** on page 137 of your textbook, and provide the appropriate answers.

1. Qu'est-ce que Nicolas cherche dans un café?
    a. de bons croissants
    b. une bonne terrasse
    c. des prix raisonnables

2. Selon *(According to)* Vanessa,…
    a. elle ne va jamais *(never)* seule au café.
    b. on ne doit pas regarder les gens qui passent.
    c. on n'est jamais seul dans un café.

Qu'est-ce qui s'est passé?

Module 6

For more self-correcting quizzes and cultural activities, go to **www.cengagebrain.com**.

Hier

Voir Structure 6.1 Talking about what happened *Le passé composé avec **avoir***

A **Le dernier jour de cours.** Hier, c'était le dernier jour de cours avant les vacances d'hiver. Dites ce que les étudiants ont fait en utilisant les verbes de la liste au passé composé.

acheter	lire	travailler	faire
prendre	changer	ne pas regarder	

1. Kim _____ toute la nuit pour être prête (*ready*) pour son examen final de maths.

2. Laurence et Élise _____ des photos du campus pour les montrer à leurs parents.

3. Ken _____ sa valise avant de rentrer chez lui en avion.

4. Je (J') _____ beaucoup de livres et de magazines pour les lire dans le train.

5. Brian et moi, nous allons faire une excursion en Italie après notre dernier examen.

   Nous _____ beaucoup de guides en ligne sur la Toscane. De plus,

   nous _____ nos dollars en euros.

6. Tu as trois examens à passer aujourd'hui. Alors, j'imagine que tu _____

   le match de foot à la télé hier soir!

B **La fin du semestre à la fac.** Noah vient de terminer (*just finished*) son premier semestre à l'université. Il pense aux changements dans sa vie depuis (*since*) le lycée (*high school*). Complétez le passage avec **les expressions** de temps suivantes: **le week-end dernier, l'année dernière, il y a, pendant, hier soir.**

J'ai fini mon premier semestre à la fac! C'est difficile d'imaginer que _____ (1), j'étais

(*was*) au lycée. Oui, _____ (2) six mois, j'ai dit au revoir à mes profs du lycée pour la

dernière fois. Je suis fatigué aujourd'hui parce qu(e) _____ (3) j'ai passé cinq heures à

étudier à la bibliothèque! Mon copain Eyméric a étudié _____ (4) cinq heures aussi.

Ce week-end va sûrement être beaucoup plus amusant que _____ (5)!

Comment raconter et écouter une histoire (introduction)

C **Une dernière soirée avant le départ.** Noah est sorti une dernière fois avant les vacances avec ses copains. Mettez les phrases suivantes dans l'ordre chronologique de 1 à 5 (utilisez les blancs ci-dessous). Puis racontez ce que Noah et ses amis ont fait en écrivant chaque phrase au passé composé; le sujet est indiqué.

_____ **a.** chercher un bon film en ligne (je)

_____ **b.** prendre le métro pour aller au cinéma (nous)

_____ **c.** prendre un verre au café à côté du cinéma pour discuter du film (on)

_____ **d.** quitter le café assez tôt car je devais (*I had to*) faire mes valises (je)

_____ **e.** téléphoner à mes copains pour leur proposer d'aller voir le film (je)

_____ **f.** voir le film ensemble (nous)

1. D'abord, _____ .

2. Puis, _____ .

3. Ensuite, _____

_____ .

4. _____ .

5. Après, _____

_____ .

6. Enfin _____ .

Parlons de nos vacances

Voir Structure 6.2 Narrating in the past *Le passé composé avec **être***

D **À la montagne.** Noah et ses deux meilleurs amis, Anne et Eyméric, ont passé leur première semaine de vacances dans les Alpes. De retour chez lui, Noah raconte ses vacances à ses parents. Complétez le dialogue en conjugant les verbes au passé composé avec l'auxiliaire **être**. Attention à l'accord.

LE PÈRE: Alors, vous avez passé de bonnes vacances, toi et tes amis?

NOAH: Oui. Nous _____ (1. arriver) là-bas avec beaucoup d'enthousiasme, mais nous _____ (2. repartir) avec beaucoup de bleus *(bruises)*!

LA MÈRE: Est-ce que tu _____ (3. tomber) en faisant du snowboard *(while snowboarding)*?

NOAH: Oh oui, plus d'une fois *(more than once)*!

LE PÈRE: Comment est-ce que vous _____ (4. monter) sur le remonte-pente *(ski lift)* avec vos planches *(boards)*? Ça doit être difficile, non?

NOAH: Ce n'est pas facile, mais c'est une question d'habitude. Une fois, Anne _____ (5. tomber) devant le remonte-pente, et le siège *(seat)* _____ (6. passer) à deux centimètres au-dessus de sa tête!

LA MÈRE: Comme c'est dangereux! Est-ce que vous _____ (7. rester) dans un hôtel confortable au moins?

NOAH: Oui. Mais tu sais, quand tu es épuisé *(exhausted)*, un lit *(bed)* est un lit! Nous étions *(were)* tellement *(so)* fatigués que nous _____ (8. ne pas sortir) en boîte une seule fois! Je _____ (9. aller) au restaurant avec Anne un soir, mais c'est tout.

LE PÈRE: Et Eyméric?

NOAH: Oh, ce soir-là *(that night)*, il a rencontré une fille et ils _____ (10. devenir) très copains. En fait, elle _____ (11. revenir) en train avec nous.

LA MÈRE: Eh bien, on dirait que *(it sounds like)* que vous avez passé un bon moment!

Nom _____ Date _____ Cours _____

E **Le bon vieux temps.** *(The good old days.)* Noah et son copain Antoine parlent de Maeva, une ancienne camarade de lycée qu'il vient de retrouver. Complétez la conversation au passé composé. Choisissez entre l'auxiliaire **avoir** ou **être**.

NOAH: Je _____ (1. revenir) de vacances hier soir en train, et devine *(guess)*

qui j(e) _____ (2. voir) assise *(sitting)* devant moi!?

ANTOINE: Je ne sais pas… une copine du lycée?

NOAH: Oui! Maeva. Elle _____ (3. ne pas changer), toujours aussi sympa et un peu

folle *(crazy)*!

ANTOINE: C'est vrai… Je me souviens *(I remember)* qu'une fois, elle _____

(4. sortir) avec Nourdine, le serveur du bar des Carmes pour gagner un pari *(a bet)*, tu te

souviens?

NOAH: Oui, eh bien, ils _____ (5. rester) ensemble! Et elle

l' _____ (6. présenter) à ses parents il y a deux mois. Incroyable, non?

ANTOINE: Je me demande *(wonder)* comment ses parents _____ (7. réagir)… Ils sont

un peu stricts, non?

NOAH: Oui, d'après Maeva, ils _____ (8. être) un peu surpris d'abord, mais ils

_____ (9. bien prendre) la nouvelle.

ANTOINE: Quelle chance!… De quoi d'autre *(What else)* est-ce que vous _____

(10. parler), toi et Maeva?

NOAH: Eh bien, nous _____ (11. parler) du bon vieux temps. Je

_____ (12. ne pas rester) longtemps parce que j'étais avec Assia, Eyméric et

sa copine, mais on _____ (13. décider) de se revoir samedi soir. Est-ce que

tu voudrais venir avec moi?

ANTOINE: Oui, bonne idée!

F **À vous!** Répondez aux questions avec des phrases complètes. Ajoutez des détails intéressants.

1. La dernière fois que vous étiez *(were)* en vacances, avec qui êtes-vous parti(e)? Où êtes-vous allé(e)s?

_____

_____

_____

2. Où est-ce que vous êtes allé(e) le week-end dernier? Qu'est-ce que vous avez fait?

_____

_____

_____

3. Quel est votre meilleur *(best)* souvenir de vacances? Où êtes-vous allé(e)? Avec qui? Comment avez-vous voyagé? Qu'est-ce que vous avez fait?

_____

_____

_____

Personnages historiques francophones

Voir Structure 6.3 Using verbs like **venir** and telling what just happened *Les verbes comme venir et venir de + infinitive*

G **Connaissez-vous bien Jacques Cartier?** Relisez **Jacques Cartier découvre le Canada** à la page 171 de votre livre et indiquez si les phrases suivantes sont vraies ou fausses. Corrigez les phrases fausses.

	vrai	**faux**
1. Jacques Cartier vient de Paris.	_____	_____
2. Cartier devient navigateur et fait son premier voyage en 1532.	_____	_____
3. En 1535, pour son deuxième voyage, Cartier obtient trois navires du roi.	_____	_____
4. Cartier maintient de bonnes relations avec les Amérindiens.	_____	_____
5. Le roi de France tient à trouver des richesses et Cartier découvre de l'or et des diamants.	_____	_____

H **Dans la peau de Cartier.** *(In Cartier's head.)* Après son retour en France, Cartier tient ce monologue sur les événements qui viennent de se passer. Complétez les phrases en utilisant la structure **venir de (d') + infinitif.**

Nous _____ (1) rentrer en Europe. Quel voyage! Et maintenant, le roi

_____ (2) me promettre *(to promise)* trois navires pour mon prochain voyage. Les

Amérindiens qui parlent français _____ (3) impressionner le roi et tous ses ministres.

On _____ (4) nous inviter à une grande fête avec un grand dîner. Moi,

je _____ (5) revoir ma femme, Mary Catherine. Ah, que je suis heureux!

I **Portrait de l'Abbé Pierre**

A. L'Abbé Pierre était un prêtre *(priest)* catholique français qui a beaucoup aidé les pauvres et les réfugiés. Il a milité pour *(fought for)* les sans-abris *(homeless)* et les sans-papiers. Noah écrit un petit article sur l'Abbé Pierre pour le journal du campus. Voici ses notes. Mettez les verbes au passé composé.

1. 2005: Il (devenir) _____ l'homme préféré des Français, devant le footballeur Zinédine

   Zidane.

2. 1981: Il (obtenir) _____ le titre d'Officier de la Légion d'Honneur.

3. 1949: Il (commencer) _____ le mouvement Emmaüs pour défendre les droits

   humains *(human rights)*. Cette fondation est présente aujourd'hui dans 36 pays du monde.

4. 5 août 1912 à Lyon: Il (naître) _____ Son vrai nom: Henri Grouès.

5. 22 janvier 2007: Il (mourir) _____ d'une infection aux poumons *(lungs)*.

6. pendant la Deuxième Guerre mondiale: Il (travailler) _____ dans la Résistance,

   contre les Allemands.

B. Maintenant, remettez les dates dans l'ordre et aidez Noah à écrire son article en utilisant les expressions suivantes: **d'abord, ensuite, puis, après** et **enfin.** Écrivez au passé composé.

1. _____

2. _____

3. _____

4. _____

5. _____

6. _____

Les informations et les grands événements

Voir Structure 6.4 Using verbs like **choisir** Les verbes comme *choisir*

J **Noah pense à son avenir.** Noah assiste à un forum sur les carrières organisé par le campus. Il pose des questions à un journaliste parce que c'est un métier qu'il voudrait pratiquer. Mettez les verbes entre parenthèses au **présent**.

NOAH: Depuis quand êtes-vous journaliste?

JOURNALISTE: Depuis neuf ans. C'est un métier très difficile mais c'est aussi un métier formidable.

NOAH: Comment est-ce que vous _____ (1. choisir) le sujet de vos reportages?

JOURNALISTE: Eh bien, d'abord, je _____ (2. réfléchir) longtemps avant de me décider. En fait, c'est toute une équipe qui _____ (3. réfléchir) avec moi. Heureusement, on _____ (4. finir) toujours par trouver un sujet qui plaira à *(will please)* nos lecteurs.

NOAH: Est-ce que l'opinion de vos lecteurs comptent pour vous?

JOURNALISTE: Oui, beaucoup. Les lecteurs _____ (5. réagir) souvent aux articles publiés en envoyant des courriels. En fait, mes collègues de travail et moi, nous _____ (6. finir) toujours par écouter nos lecteurs!

K **Les grands événements des années 2008–2012.** Regardez la page 176 de votre livre et choisissez les quatre événements qui vous paraissent *(seem)* les plus importants. Pour le numéro un, écrivez une phrase au passé sur l'événement que vous trouvez le plus important. Continuez avec les autres événements (du plus important au moins important).

1. _____
2. _____
3. _____
4. _____

Maintenant, écrivez une phrase sur un événement qui est arrivé récemment.

5. _____
   _____

Voir Structure 6.5 Avoiding repetition *Les pronoms d'objet direct* **le, la, les**

L **Évitez la répétition.** Il est important d'être concis et d'éviter les répétitions. Répondez aux questions suivantes en choisissant la réponse appropriée.

1. Est-ce que tu lis *le journal* tous les jours?

   Oui, je _____ (la / les / le) lis tous les matins.

2. Est-ce que tu aimes regarder *la télévision*?

   Oui, j'aime _____ (le / les / la) regarder.

3. Tu as vu *le reportage sur Arte (French equivalent of PBS)* hier soir?

   Non, je ne _____ (l' / les / le) ai pas vu.

4. Tu as écouté *le dernier album de Carla Bruni*?

   Oui, et je _____ (la / le / l') ai même *(even)* acheté!

5. Tu écoutes *les actualités* à la radio?

   Non, je _____ (les / la / le) lis en ligne.

6. Tu aimes lire *les blogs du* **Monde**?

   Oui, je _____ (l' / le / les) trouve très intéressants!

M **Et vous?** Répondez aux questions suivantes en utilisant un pronom d'objet direct (**le, la, l'** ou **les**).

1. Est-ce que vous lisez <u>les actualités en ligne</u>?

   _____

2. Est-ce que vous avez vu <u>le documentaire d'Al Gore sur l'environnement</u>?

   _____

3. Est-ce que vous prenez <u>le bus</u> pour aller à la fac?

   _____

4. Est-ce que vous allez lire <u>les livres de Barack Obama</u>?

   _____

5. Vous aimez regarder <u>la télévision</u> pendant *(during)* le dîner?

   _____

Synthèse: Un voyage avec les Simpson (ou une autre famille célèbre)

Vous êtes allé(e) en vacances avec les Simpson. Racontez ce qui s'est passé. Utilisez les questions suivantes pour vous guider.

Questions: Où est-ce que vous êtes allés? Comment est-ce que vous avez voyagé? Où est-ce que vous avez logé? Vous avez visité quels sites touristiques? Quel temps a-t-il fait? Qu'est-ce que Bart, Lisa et Maggie ont fait pour s'amuser? Et les parents? Vous avez sans doute eu quelques complications. Expliquez ce qui s'est passé.

_____

_____

_____

_____

_____

_____

_____

_____

_____

_____

_____

_____

_____

_____

_____

_____

_____

_____

_____

_____

_____

🌐 Perspectives culturelles

A Relisez **Les congés payés** à la page 170 de votre livre et choisissez la bonne réponse aux affirmations suivantes.

_____1. Les Français bénéficient de cinq semaines de congés payés depuis:
   a. 1956
   b. 1969
   c. 1982

_____2. La catégorie sociale qui a le plus bénéficié de cette loi est:
   a. les gens aisés
   b. les travailleurs
   c. les touristes

_____3. L'expression «les grands départs» signifie:
   a. une grande migration des travailleurs vers la plage
   b. la majorité des Français n'a plus d'emplois
   c. la majorité des Français part en vacances en même temps

_____4. Pour la majorité des Français, les vacances sont synonymes d(e):
   a. évasion totale
   b. travail à distance
   c. plage

B Relisez **Les infos se transforment** à la page 178 de votre livre et faites correspondre les éléments de gauche avec les éléments de droite.

1. _____ des magazines d'actualité générale

2. _____ des magazines féminins

3. _____ le nom donné à un journal publié chaque jour

4. _____ des journaux disponibles dans les kiosques et en ligne

5. _____ une chaîne de télévision

6. _____ la première source d'informations pour les 15–25 ans

7. _____ deux moteurs de recherche

   a. *L'Express* et *Le Point*
   b. Google et Yahoo
   c. TV5
   d. un quotidien
   e. *Le Monde* et *Libération*
   f. Internet
   g. *Marie-Claire* et *Elle*

C **Voix en direct:** **Comment est-ce que vous vous informez?**

Relisez **Voix en direct** à la page 179 de votre manuel et répondez aux questions suivantes.

Que pensent Vanessa et Pierre-Louis des sources d'informations suivantes?

_____ la radio

_____ les journaux

_____ les informations à la télévision

_____ les magazines gratuits dans le métro

   a. ils ont une orientation politique
   b. il y a des images
   c. l'information n'est pas très profonde
   d. il y a un nouveau bulletin toutes les dix minutes

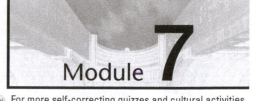

On mange bien

For more self-correcting quizzes and cultural activities, go to **www.cengagebrain.com**.

Manger pour vivre

Voir Structure 7.1 Writing verbs with minor spelling changes *Les verbes avec changements orthographiques*

A **Le guide idéal.** Dans trois jours, Diego, un guide de tourisme, va accompagner un groupe de Français en Espagne. Avant de partir, il leur écrit un courriel. Ajoutez les accents appropriés—aigus, graves, ou circonflexes—qui manquent aux lettres en caractères gras *(in bold)*.

Bonjour **a** tous! J'esp**e**re que tout va bien chez vous et que vous serez bient**o**t pr**e**ts **a** partir **a** l'aventure!

N'oubliez pas que le premier soir, nous d**i**nerons **a** l'Alhambra et qu'il faut une tenue *(dress)* habillée. Je dois

aussi savoir ce que vous pr**e**f**e**rez prendre au banquet. S'il vous pla**i**t, r**e**pondez **a** ce courriel pour me dire ce

que vous aimeriez manger: du poisson, du bœuf ou du poulet. Autrement, je crois que tout est pr**e**t! Ah oui!

Un dernier conseil… Achetez des piles *(batteries)* photo avant de partir. Elles sont plus ch**e**res l**a**-bas.

Ecrivez-moi si vous avez d'autres questions. **A** bient**o**t!

       Diego

B **Pas de chance!** Deux membres du groupe de touristes français ne peuvent pas accompagner les autres parce qu'ils sont malades. Manon explique la situation à son amie Léa. Conjuguez les verbes entre parenthèses au présent (**P**) ou au passé composé (**PC**). Attention aux accents!

MANON: Allô, Léa? Je t' _____ (1. appeler—P) pour te dire que malheureusement, on

          ne peut pas partir en Espagne avec vous!

LÉA: Oh, non! Pourquoi?

MANON: Eh bien, nous sommes malades… une gastro-entérite! Nous ne _____

          (2. manger—P) que *(only)* de la soupe depuis deux jours!

LÉA: Mes pauvres! J' _____ (3. espérer—P) que vous allez vite guérir *(heal)*!

MANON: Moi aussi! Nous _____ (4. commencer—P) à nous sentir un peu mieux

          (feel a bit better), Luka _____ (5. acheter—PC) des médicaments à la

          pharmacie, mais je _____ (6. préférer—P) ne pas prendre de risques…

LÉA: C'est dommage!…

Voir Structure 7.2 Talking about indefinite quantities *(some) Le partitif*

C **Quel dîner!** Le groupe de touristes français vient de prendre un repas extraordinaire à l'Alhambra. Léa est impressionnée. Elle envoie un courriel à Manon pour décrire le dîner. Complétez sa description en sélectionnant l'article qui convient.

Ah, Manon, tu ne peux pas imaginer le repas qu'on vient de prendre! J'adore (1. la, une, de la) cuisine de cette région! Ici, on a (2. de la, du, le) respect *(m)* pour les produits du terroir *(area)*. Il y avait (3. le, du, de la) poulet avec (4. du, les, le) riz espagnol, (5. de la, le, du) poisson avec (6. de, des, les) légumes de la région et (7. du, de la, la) soupe aux fruits de mer. C'était beau comme tout *(incredibly beautiful)*! Je n'ai pas beaucoup aimé (8. la, de la, une) sangria *(f)* car elle était très sucrée. Alors, j'ai pris (9. de la, l', de l') eau avec mon repas. Mais après (10. de la, le, du) dessert, nous avons pris un bon digestif: (11. un, le, la) bon cognac français!

D **L'avis d'un nutritioniste.** Chez elle, Manon est en train de récupérer. Elle lit les conseils d'un nutritioniste. Sélectionnez l'article qui convient.

Un bon petit déjeuner est essentiel à la nutrition. Pour commencer la journée, prenez un verre (1. du, de, des) jus d'orange ou si vous préférez, consommez (2. du, des, de) fruits frais. Ils ont beaucoup de vitamine C, importante pour la bonne humeur et les muscles. Ajoutez un yaourt pour le calcium et deux tranches (3. du, de, d') pain complet. Les fibres facilitent la digestion. Personnellement, je n'utilise pas (4. de, de la, du) margarine, je préfère prendre (5. de, de l', du) beurre. Comme boisson, (6. le, du, de) café ou (7. la. de la, du) thé avec (8. de, du, des) lait demi-écrémé. Vous avez encore faim? Prenez (9. de l', les, des) œufs—sauf si vous avez (10. le, du, de) cholestérol—ou un petit morceau (11. du, de, de la) fromage. Comme ça, vous aurez assez (12. d', de l', de la) énergie pour une matinée pleine d'activités.

E **À vous!** Répondez aux questions suivantes avec des phrases complètes.

1. Qu'est-ce que vous mangez d'habitude au dîner?

_____.

2. Qu'est-ce que vous aimeriez commander dans un restaurant français?

_____.

3. Qu'est-ce que vos amis mangent quand ils sont au régime *(diet)*?

_____.

Les courses: un éloge aux petits commerçants

Voir Structure 7.3 Talking about food measured in specific quantities and avoiding repetition
Les expressions de quantité et le pronom **en**

F **Faisons les courses!** Léa et son ami Nassim préparent un repas pour fêter leur retour d'Espagne. Ils préfèrent acheter leurs provisions dans les petits commerces ou au marché en plein air. Associez les provisions qu'ils achètent à gauche avec les petits commerçants à droite.

_____ 1. Pour acheter de la viande, ils vont…   **a.** à la boulangerie.

_____ 2. Pour acheter du pain, ils vont…   **b.** à l'épicerie.

_____ 3. Pour acheter de la sauce tomate et des pâtes, ils vont…   **c.** à la fromagerie.

_____ 4. Pour acheter des fraises et des asperges, ils vont…   **d.** au marché en plein air.

_____ 5. Pour acheter un morceau de brie et de gruyère, ils vont…   **e.** à la boucherie.

G **Voyons de plus près…** Quelles quantités Léa et Nassim prennent-ils exactement? Complétez les phrases suivantes de manière logique en utilisant les mots de la liste.

deux boîtes de	quatre bouteilles d'	un kilo de	une douzaine d'
beaucoup de	un paquet de	deux barquettes de	deux baguettes de
8 tranches de			

1. Au marché en plein air, Nassim achète _____ fraises et _____ œufs.

2. À l'épicerie, Léa achète _____ pâtes, _____ sauce tomate, et _____ eau minérale.

3. À la boucherie, Nassim prend _____ bœuf et _____ jambon.

4. À la boulangerie, Léa achète _____ pain et _____ mini-croissants.

H **Connaissez-vous bien les habitudes alimentaires des Français?** Testez vos connaissances culinaires et votre utilisation du pronom **en** en complétant la bonne réponse.

1. Typiquement, est-ce qu'il y a de la charcuterie au petit déjeuner en France?
   a. Oui, il _____
   b. Non, il _____

2. Est-ce que les Français mangent des hamburgers?
   a. Oui, ils _____, comme tout le monde!
   b. Non, ils _____

3. Est-ce que les Français boivent du café?
   a. Oui, ils _____
   b. Non, ils _____ du tout.

4. Pendant la semaine, est-ce qu'il y a cinq plats *(courses)* dans un repas français?
   a. Non, il _____ trois.
   b. Oui, il _____ cinq.

I **Comment faire une bonne ratatouille?** Manon partage sa fameuse recette de ratatouille avec Léa. Mettez les mots donnés dans le bon ordre.

> **Modèle:** LÉA: Pour six personnes, combien de courgettes (*zucchini*) est-ce que j'achète?
>
> MANON: Tu (quatre / achètes / en)
>
> *Tu en achètes quatre.*

LÉA: Faut-il des tomates?

MANON: Oui, il (une livre / faut / en) _____ (1).

LÉA: Est-ce que je mets des aubergines (*eggplant*) dans la ratatouille?

MANON: Oui, tu (mets / une / en) _____ (2).

LÉA: On met aussi des carottes?

MANON: Ah non! N'(mets / en) _____ (3) pas.

LÉA: Et avec cette recette, est-ce que j'ai assez de ratatouille pour six personnes?

MANON: Normalement, oui, tu (assez / as / en) _____ (4), mais ça dépend de l'appétit de tes invités. Moi, j'(fais / en) _____ (5) toujours un peu plus, parce que, dans ma famille, la ratatouille, on adore ça!

Les plats des pays francophones

Structure 7.4 Referring to people and things that have already been mentioned and talking about placement *Les pronoms d'objet direct (suite): me, te, nous et vous et le verbe mettre*

J **Un petit sondage (survey).** Léa lit les questions d'un sondage sur les habitudes alimentaires. Conjuguez les verbes entre parenthèses au présent, sauf (*except*) quand le passé composé (PC) est indiqué.

1. Est-ce que vous _____ (mettre) la table ou est-ce que c'est un membre de votre famille qui la _____ (mettre)?

2. Est-ce que votre style de vie vous _____ (permettre) de rentrer à la maison à midi pour manger?

3. Dimanche dernier, combien de temps est-ce que vous _____ (mettre—PC) pour déjeuner?

4. Êtes-vous d'accord avec ceci?: «Nous, les Français, nous _____ (mettre) trop de temps à manger comparé aux autres Européens.»

5. Au début de l'année, beaucoup de gens disent: «Cette année, je _____ (promettre) de manger moins de sucreries (*sweets*) et de manger plus de fruits.» Et vous?

K **Où est-ce qu'on s'assoit?** Ce dimanche, il y a une grande réunion de famille chez Nassim. C'est le moment de passer à table et tout le monde veut savoir où s'asseoir. Complétez le dialogue suivant en utilisant les pronoms d'objet direct **me (m'), te (t'), nous** et **vous.**

LA TANTE: Nassim, où est-ce que tu _____ (1) places?

NASSIM: Alors, Tatie, j'ai choisi de _____ (2) mettre à gauche de Papi.

LES DEUX COUSINS: Et nous, Nassim? Tu _____ (3) mets où?

NASSIM: Vous, les monstres, je _____ (4) mets dans le garage!... Je plaisante

    (I'm joking)! Mes chers cousins, je _____(5) mets à côté de moi!

LE BEAU-FRÈRE: Et moi, tu _____ (6) installes devant la télévision avec un plateau,

    s'il te plaît, il y a le match Marseille-Nancy… Moi aussi, je plaisante! Allez, on mange!

L **Tous en même temps.** À table, les conversations sont très animées. Complétez les phrases suivantes avec **en, me (m'), te (t'), nous** ou **vous.**

1. Moi, j'adore le sucre! J' _____ mets dans tout: dans mon thé, mon café, mon yaourt.

2. Alors, comme il y a beaucoup de bruit dans le restaurant, je dis à Farid: «Je ne _____ ai pas entendu, tu peux répéter, s'il te plaît?»

3. Je suis désolée, Noémie, mais je ne _____ comprends pas: tu dis que tu es au régime, mais tu n'arrêtes pas de manger!

4. Et là, Philippe _____ regarde, Raïssa et moi, et il nous dit…

5. Les enfants, je _____ adore, mais là, c'est trop: vous avez mangé tout mon pain!

6. Bon alors, je veux voir ton nouvel appart! Quand est-ce que tu _____ invites à déjeuner dans ta nouvelle cuisine?

7. Alyssa, je pense que tu dois arrêter de voir Nouredine: il n'est pas gentil avec toi, il ne _____ attend pas le soir pour manger, il rentre tard, non franchement…

8. Regarde cette photo; je suis là en bas, avec la bouteille de champagne dans la main, tu _____ vois?

L'art de la table

Voir Structure 7.5 Giving commands *L'impératif*

M **Ça semble logique, mais…** Choisissez la bonne réponse pour compléter les phrases suivantes.

_____ 1. On mange la soupe avec…

    a. une fourchette.

    b. une cuillère.

    c. une serviette.

_____ 2. Pour couper du pain, il faut utiliser…

    a. un verre.

    b. un bol.

    c. un couteau.

_____ 3. On boit son café dans…

    a. un verre.

    b. une assiette.

    c. une tasse.

_____ 4. Sur la table d'un restaurant, on trouve typiquement…

    a. une fourchette, un couteau, une assiette, un verre.

    b. une fourchette, un couteau, une serviette, un bol.

    c. une tasse, une cuillère, un pot, un couteau.

_____ 5. En France, traditionnellement, _____ est à gauche et
_____ est à droite de l'assiette.

    a. le couteau, la fourchette

    b. la fourchette, le couteau

    c. la cuillère, la fourchette

Nom _____ Date _____ Cours _____

N **Un dîner élégant.** Manon et Luka doivent préparer un dîner formel à la fin du mois. Ils veulent tout faire correctement. Alors ils visitent un site sur Internet qui s'appelle «L'Art de la Table». Voici les conseils qu'ils y trouvent. Mettez les verbes entre parenthèses à **l'impératif;** utilisez la forme **vous.**

L'Art de la Table

Il est important de maîtriser l'art de la table pour faire plaisir à vos invités et pour montrer votre bon goût *(taste)*. Voici quelques conseils de base…

D'abord, il faut savoir qui va s'asseoir où. _____ (1. donner) la place d'honneur aux personnes que vous invitez pour la première fois ou qui ont une fonction importante. _____ (2. faire) un plan de table à l'avance: _____ (3. réserver) la chaise à droite de l'hôtesse pour l'homme d'honneur et la chaise à gauche de l'hôte pour la femme d'honneur.

_____ (4. être) prêts lorsque vos invités arrivent. _____ (5. avoir) les bouteilles de vin ouvertes à l'avance.

Une fois à table, _____ (6. ne pas poser) les mains sur les genoux. (C'est la tradition en Angleterre et aux États-Unis, mais en France, _____ (7. mettre)-les plutôt sur la table). _____ (8. tenir) toujours votre fourchette dans la main gauche et le couteau dans la main droite, c'est beaucoup plus raffiné.

Finalement, pour les conversations, _____ (9. éviter) les sujets tabous: la politique, la religion et le sexe. _____ (10. choisir) plutôt des sujets neutres, comme les voyages, le cinéma ou les souvenirs d'enfance.

Comment se débrouiller au restaurant

O **Kevin veut montrer son «savoir-vivre».** Kevin, un ami américain de Luka, veut inviter une amie française au restaurant. Il a écrit un script à suivre sur une feuille de papier. Son ami Luka lui donne les phrases à dire en français. Écrivez les phrases de Luka.

> **Modèle:** Find out if reservations are necessary.
>
> *Les réservations sont nécessaires?*

1. Ask for a table for two people.

   _____

2. Call the waiter and ask for the menu.

   _____

3. Ask the waiter for a recommendation.

   _____

4. Place an order, for example **des escargots** for an hors-d'œuvre and **une entrecôte grillée** as a main course.

   _____

5. Ask your guest if she prefers her meat rare, medium or well done.

   _____

6. Ask for the check and find out if the tip is included.

   _____

Synthèse: La nourriture et vous

Est-ce que la qualité des produits que vous consommez est essentielle? Est-ce que vous achetez des produits biologiques *(organic)*? Pourquoi (pas)? Êtes-vous végétarien(ne) ou végétalien(ne)? Est-ce que vous faites vos courses au marché en plein air? Dans votre réponse, utilisez l'article défini, le partitif, les expressions de quantité et le pronom **en.**

> **Vocabulaire utile:** bien équilibré *(well balanced)*, cher, le corps *(body)*, faire attention à, l'exploitation des animaux, la malbouffe *(junk food)*, la santé *(health)*, mauvais, un régime

_____

_____

_____

_____

_____

_____

_____

_____

_____

🌐 **Perspectives culturelles**

A **La table**

Lisez le texte **Les Français à table** à la page 197. Puis, dites si les phrases suivantes sont vraies ou fausses.

_____ **1.** Selon le texte, les Français boivent du café seulement (only) au petit déjeuner.
   a. vrai
   b. faux

_____ **2.** Typiquement les Français mangent de la charcuterie au petit déjeuner.
   a. vrai
   b. faux

_____ **3.** Généralement, une entrée est constituée de pâtes ou de riz, avec de la viande ou du poisson.
   a. vrai
   b. faux

_____ **4.** Quand un plat est copieux, on n'a plus faim après.
   a. vrai
   b. faux

_____ **5.** Les enfants aiment manger des fruits de mer pour le goûter, vers quatre heures de l'après midi.
   a. vrai
   b. faux

_____ **6.** En France, on sert d'abord le plat principal, puis l'entrée.
   a. vrai
   b. faux

_____ **7.** Le dimanche est le jour du grand repas familial.
   a. vrai
   b. faux

_____ **8.** En France, d'habitude, on prend le dîner entre 6h00 et 7h00 du soir.
   a. vrai
   b. faux

B **Les courses**

Lisez le texte **Où faire les courses?** à la page 200. Lisez les mots et segments de phrases suivants et indiquez si c'est une description d'un supermarché (**S**) ou d'un petit commerçant (**PC**).

1. des meilleurs prix _____ PC _____ S

2. la confiture maison _____ PC _____ S

3. un service personnalisé _____ PC _____ S

4. des produits locaux _____ PC_____ S

5. parler avec les gens du quartier _____ PC _____ S

6. un véritable spectacle _____ PC _____ S

7. gagner du temps _____ PC _____ S

8. pittoresque _____ PC _____ S

9. une grande surface _____ PC _____ S

10. beaucoup de choix _____ PC _____ S

C **Voix en direct:** Est-ce que vous mangez avec votre famille?

Relisez la section **Voix en direct** pages 198–199 et répondez aux questions suivantes.

1. Associez chaque personne avec le moment de la journée où elle mange avec sa famille.

_____ **1.** Pierre	**a.** le petit déjeuner
_____ **2.** Julien	**b.** presque jamais (almost never)
_____ **3.** Nicolas	**c.** le dîner
_____ **4.** Vanessa	**d.** le déjeuner

2. Manger en famille présente quels avantages selon Pierre et Julien? Indiquez la (les) bonne(s) réponse(s).

_____ **a.** On peut discuter ensemble.

_____ **b.** Ce n'est pas nécessaire pour tout le monde de préparer le repas.

_____ **c.** C'est bon pour la cohésion familiale.

_____ **d.** On peut regarder la télévision ensemble.

_____ **3.** Vanessa explique pourquoi sa famille ne prend pas typiquement les repas ensemble. Qu'est-ce qu'elle dit?

    a. Ses parents vont bientôt divorcer, ils détestent être dans la même pièce (room).

    b. Vanessa mange à l'école, elle est en pension (boarding school).

    c. Tout le monde dans sa famille a des horaires différents.

Souvenirs

 For more self-correcting quizzes and cultural activities, go to **www.cengagebrain.com.**

Souvenirs d'enfance

Voir Structure 8.1 Talking about how things used to be *L'imparfait*

A **On se découvre…** Enzo et Rym sortent ensemble depuis peu de temps et apprennent à se connaître. Dans le passage suivant, Enzo raconte à Rym des souvenirs de son enfance. Complétez ce qu'il lui dit en conjuguant les verbes entre parenthèses à l'imparfait.

Quand j' _____ (1. être) petit, j' _____ (2. habiter) dans une

grande maison à la campagne avec mes parents et mes deux sœurs, Loane et Clara.

Mon père _____ (3. travailler) comme vétérinaire et ma mère

_____ (4. rester) à la maison avec nous.

Je me souviens que parfois, au printemps, mes sœurs et moi, nous

_____ (5. aller) chasser les papillons. Après l'école, mes sœurs

_____ (6. jouer) beaucoup à la poupée mais moi, je

_____ (7. lire) des tonnes de livres. Ma mère _____

(8. dire) toujours que je _____ (9. devoir) moins étudier et plus jouer!

B **Questions personnelles.** Répondez aux questions suivantes avec des phrases complètes.

1. Que faisiez-vous après l'école quand vous étiez petit(e)?

_____

_____

2. Est-ce que vous aimiez regarder la télévision? Quoi en particulier?

_____

_____

3. Où préfériez-vous aller pendant les vacances?

_____

_____

Photos sur Facebook

Voir Structure 8.2 Linking ideas *Les pronoms relatifs* **qui, que** *et* **où**

C **Nos amis les bêtes**. Enzo parle des animaux domestiques *(pets)* qu'il avait quand il était petit. Transformez les deux phrases en une phrase à l'aide du pronom relatif qui convient (**qui, que, où**).

> **Modèle:** J'avais un chien. <u>Il</u> s'appelait Ouafi.
>
> J'avais un chien **qui** s'appelait Ouafi.

1. J'avais aussi un chat. <u>Il</u> s'appelait Minou.

_____

2. Minou aimait dormir sur le canapé. <u>Sur le canapé</u>, il y avait un vieux pull-over très chaud.

_____

3. Ma sœur avait un hamster. Minou n'aimait pas <u>le hamster</u>.

_____

4. Le hamster dormait dans une cage. <u>La cage</u> était à côté du canapé.

_____

5. Le hamster mangeait une nourriture spéciale. Minou aimait beaucoup <u>la nourriture spéciale du hamster</u>.

_____

6. Minou aimait aussi beaucoup regarder une autre cage. Il y avait un oiseau <u>dans cette autre cage</u>....

_____

Pauvre Minou!

D **L'album de photos.** Maintenant, Enzo et Rym regardent les photos du voyage que sa famille a fait en Italie quand Enzo avait dix ans. Jouez le rôle d'Enzo en décrivant les photos. Complétez chaque phrase avec **qui, que** ou **où**.

> **Modèle:** C'est le restaurant *où* nous avons mangé de la pizza napolitaine.

1. Ce sont les amis _____ ont voyagé avec nous.

2. C'est le chef de cuisine _____ nous avons connu à l'hôtel.

3. C'est la gondole _____ nous avons prise pour visiter les canaux de Venise.

4. C'est la cathédrale _____ nous avons admiré des fresques italiennes de la Renaissance.

5. C'est la célèbre fontaine _____ les touristes se rencontrent pour faire une visite guidée de Rome.

E **Une photo d'enfance d'Enzo.** Après un dîner préparé à la maison, Enzo montre un album photo de son enfance à Rym. Il lui décrit une photo de lui avec son père. Complétez son commentaire en utilisant les pronoms relatifs **qui, que** ou **où.**

Regarde! C'est moi quand j'avais huit ou neuf ans. Et là, c'est mon père _____ (1) n'est pas content!

Je me souviens que j'avais cassé *(I had broken)* une vitre *(window)* de la voiture en jouant au ballon…

Et c'est la voiture _____ (2) il venait juste d'acheter. C'est aussi l'année _____ (3) ma petite

sœur Clara est née. Tu sais, c'est ma sœur _____ (4) est prof de français à Londres, celle *(the one)*

_____ (5) tu as rencontrée au café. Ah, nous avons tous drôlement grandi *(grown up)*!

Communiquer en famille

Voir Structure 8.3 Reading, speaking, and writing to others *Les verbes **lire**, **dire** et **écrire** avec les pronoms d'objet indirect*

F **Comme les choses ont changé!**

1. Enzo continue à parler de ses souvenirs d'enfance. Complétez le dialogue en conjuguant les verbes donnés à **l'imparfait**.

Le soir, dans ma famille, on _____ (1. lire) des livres. Moi, surtout, je

_____ (2. lire) beaucoup de romans (*novels*) d'aventures, et avant d'aller au lit,

j' _____ (3. écrire) mes activités du jour dans un journal intime (*diary*). Ma

sœur Loane _____ (4. dire) qu'un journal intime, c'était pour les filles, mais

mes parents _____ (5. dire) que non, c'était bien d'écrire. Le week-end, nous

_____ (6. écrire) des lettres à nos grands-parents ou à des amis. Et vous, dans votre

famille, vous _____ (7. lire) beaucoup aussi?

2. Maintenant, les choses sont très différentes. Rym explique à Enzo comment elle communique avec sa famille. Complétez le dialogue en conjuguant les verbes indiqués au **présent**.

Moi, je fais beaucoup de choses sur Internet: je _____ (1. lire) le journal en ligne,

j' _____ (2. écrire) dans deux ou trois blogs différents. Mes

grands-parents me _____ (3. dire) toujours: «Mais qu'est-ce que c'est,

un blog?» Ils n'ont pas d'ordinateur, alors ils m' _____ (4. écrire) des lettres

traditionnelles, et ils _____ (5. lire) le journal sur papier, comme avant.

Ma mère, elle, m' _____ (6. écrire) un e-mail toutes les semaines. Mais dans

l'ensemble, dans ma famille, nous _____ (7. ne pas écrire) beaucoup,

nous préférons le téléphone!

G **Très curieuse.** Rym est curieuse de savoir ce qu'*(what)* Enzo fait avec sa famille de nos jours *(nowadays)* et lui pose beaucoup de questions. Jouez le rôle d'Enzo et répondez aux questions en ajoutant *(adding)* le pronom d'objet direct ou indirect qui correspond à l'antécédent souligné dans la question.

1. RYM: Tu vois souvent <u>tes parents</u>?

   ENZO: Non, je ne _____ vois pas souvent.

2. RYM: Est-ce que tu as l'occasion de voir <u>tes sœurs</u>?

   ENZO: Oui, j'ai l'occasion de _____ voir.

3. RYM: Tu écris régulièrement <u>à tes grands-parents</u>?

   ENZO: Oui, je _____ écris régulièrement.

4. RYM: Est-ce que tu parles de choses intimes <u>à ta mère</u>?

   ENZO: Je _____ parle parfois de choses intimes.

5. RYM: Est-ce que tu vas bientôt <u>me</u> présenter à ta famille?

   ENZO: Bien sûr! Je vais bientôt _____ présenter à ma famille.

H **Une grande famille.** Rym a trois photos dans son sac. Elle les montre à Enzo. Complétez leur dialogue en choisissant le pronom d'objet direct ou indirect qui correspond à l'antécédent souligné.

RYM: Voici mes parents, mes frères Karim et Abdel, ma sœur Nora et notre chien Fifi.

ENZO: C'est <u>une belle photo</u>. Quand est-ce que tu (1. **la, l', lui**) as prise?

RYM: Il y a 7 ans, en vacances à Carcassonne. Et sur cette photo, ce sont <u>mes grands-parents</u>.

ENZO: Tu (2. **leur, les, lui**) vois souvent?

RYM: Malheureusement, non, <u>ils</u> habitent à Rabat. Mais je (3. **lui, leur, les**) écris régulièrement.

   Je (4. **leur, les, l'**) aime beaucoup, et eux aussi, ils (5. **m', nous, vous**) aiment beaucoup,

   <u>mes frères, ma sœur et moi</u>.

ENZO: Et qui est-ce sur cette dernière photo?

RYM: C'est <u>ma tante</u>. Je (6. **la, l', lui**) téléphone souvent, elle est très sympa.

ENZO: Bon, et <u>moi</u>, quand est-ce que tu (7. **me, vous, les**) présente à ta famille?

RYM: Hmmm, <u>toi</u>, je ne sais pas si je vais (8. **me, te, le**) présenter à ma famille… Je plaisante *(I'm joking)*!

Comment comparer (introduction)

Voir Structure 8.4 Making comparisons *Le comparatif (introduction)*

I **Comparaisons** Lisez les phrases suivantes et dites si elles sont vraies ou fausses.

	vrai	faux
1. La population de San Francisco est plus grande que la population de New York.	_____	_____
2. Un kilo de sucre est aussi lourd *(heavy)* qu'un kilo de farine *(flour)*.	_____	_____
3. Les officiers de l'armée sont plus stricts que les professeurs d'université.	_____	_____
4. Une note F est pire qu'une note D.	_____	_____
5. En général, la cuisine mexicaine est moins épicée *(spicy)* que la cuisine française.	_____	_____
6. Les jockeys sont plus petits que les joueurs de basket.	_____	_____

J **Et vous?** Faites cinq comparaisons (**plus, moins, aussi... que**) pour exprimer votre opinion. Utilisez les mots de la liste suivante ou d'autres adjectifs que vous connaissez.

la musique de Coldplay / la musique de One Republic

les vêtements Chanel / les vêtements J. Crew

American Idol / Dancing with the Stars

Will Smith / LL Cool J

les tableaux *(paintings)* de Dali / les tableaux de Léonard de Vinci

amusant	beau	bon	cher	élégant
fort	intéressant	intelligent	original	

1. _____

2. _____

3. _____

4. _____

5. _____

Souvenirs d'une époque

Voir Structure 8.5 Narrating in the past *Le passé composé et l'imparfait (introduction)*

K **Les années récentes en France.** Tom, un ami américain d'Enzo, lui téléphone pour lui demander de l'aide pour son cours d'histoire. Il pose des questions à Enzo sur les années récentes en France. Complétez leur dialogue en mettant les verbes au passé composé (PC) ou à l'imparfait (I).

TOM: Dis-moi, Enzo, qu'est-ce qui s'est passé en France depuis 2008?

ENZO: Eh bien, c'_____ (1. être—I) des années assez difficiles. Je me souviens qu'il

y _____ (2. avoir—I) des grèves *(strikes)* fréquentes. Par exemple, en 2009, les

étudiants et les professeurs _____ (3. organiser—PC) une grève nationale de

protestation. Et la crise de la dette dans la zone euro _____ (4. prendre—PC)

beaucoup d'importance.

TOM: Quand est-ce que vous _____ (5. changer—PC) de président?

ENZO: En 2012, Nicolas Sarkozy _____ (6. terminer—PC) son mandat présidentiel

et les Français _____ (7. choisir—PC) François Hollande comme nouveau

président.

TOM: Et sur le plan culturel?

ENZO: Une de nos stars de cinéma _____ (8. devenir—PC) célèbre aux États-Unis avec

le film *The Artist*: Jean Dujardin.

TOM: Super! Merci de ton aide, Enzo!

L **Un anniversaire inoubliable.** Rym raconte à Enzo le cadeau très spécial qu'elle a eu pour ses 8 ans. Complétez sa description en utilisant les mots de la liste suivante.

a donné	adorais	devais	disaient	était
ont dit	où	plus	qui	

Quand j'étais petite, j' _____ (1) regarder des dessins animés *(cartoons)* à la

télévision. Mon dessin animé préféré _____ (2) Scoubidou, et je voulais un chien

_____ (3) ressemblait à Scoubidou. Mais mes parents me _____ (4)

toujours qu'un chien, c'était beaucoup de responsabilités: je _____ (5)

attendre d'être _____ (6) grande. Le jour de mon huitième anniversaire, ils

m' _____ (7) d'un air mystérieux: «Pour ton anniversaire, est-ce que tu voudrais

un petit souvenir du Danemark?» Et là, mon père m' _____ (8) une boîte en carton

_____ (9) se trouvait… un Danois, comme Scoubidou! Il était très petit, mais j'ai

compris que moi, j'étais enfin grande!

Synthèse: Mes souvenirs d'enfance

Qu'est-ce que vous aimiez faire à l'âge de sept ou huit ans? Faites quelques comparaisons entre vous et vos frères, vos sœurs et vos amis de l'époque. Quels bons souvenirs gardez-vous de cette époque? Écrivez un paragraphe à l'imparfait qui décrit les activités et les amis les plus mémorables de votre septième ou huitième année.

Modèle: *Quand j'avais 7 ans, j'adorais aller au musée-aquarium. Mes parents avaient un abonnement (membership) annuel, et nous allions à l'aquarium au moins une fois par mois. Je passais des heures devant les poissons multicolores, j'observais les méduses (jellyfish) et beaucoup d'autres animaux marins. Il y avait aussi des petits bassins où on pouvait toucher les animaux. On apprenait comment les oiseaux marins mangeaient et comment les protéger de la pollution. C'est peut-être pour ça que maintenant, j'étudie la biologie marine!*

_____

_____

_____

_____

_____

_____

_____

_____

_____

_____

_____

_____

_____

_____

🌐 Perspectives culturelles

A Relisez le texte **Les enfants et l'école** à la page 233 de votre manuel et complétez les phrases suivantes.

1. En France, l'enseignement est centralisé pour...
   a. offrir l'égalité des chances à tout le monde *(everyone)*.
   b. aider les élèves les plus travailleurs.
   c. donner la priorité aux élèves pauvres.

2. Presque tous les enfants de 3 à 6 ans
   a. apprennent une langue étrangère.
   b. vont à l'école maternelle.
   c. restent à la maison avec leur mère.

3. À l'école primaire, les enfants ont...
   a. 3 à 6 ans.
   b. des cours de vie en communauté.
   c. 6 à 10 ans.

4. Les Français sont plus inquiets qu'avant au sujet de l'éducation parce que...
   a. les enfants des milieux défavorisés ont plus de chances.
   b. les écoles sont plus inégalitaires qu'avant.
   c. l'éducation prioritaire a beaucoup de succès.

5. *Les Copains d'avant* est
   a. un film très nostalgique.
   b. un réseau social peu populaire en France.
   c. un site web similaire à Facebook.

B **Voix en direct:** **Vous vous souvenez de votre école primaire?**

Relisez les témoignages de Régine et Gwenaëlle à la page 234 de votre manuel et répondez aux questions suivantes.

1. Pensez aux récits *(stories)* de vos parents ou d'autres personnes plus âgées sur leur enfance. Est-ce que leur école était comme celle de *(that of)* Régine? Donnez une différence et une similarité.

   _____

   _____

   _____

   _____

2. Donnez deux exemples de la discipline dans l'école de Régine. Et dans votre école primaire?

   _____

   _____

   _____

   _____

3. Quelle comparaison est-ce que Gwenaëlle fait entre les élèves de son époque et les élèves d'aujourd'hui?

_____

_____

_____

_____

C Les BD

Relisez **Les BD** à la page 242 de votre manuel. Indiquez si les affirmations suivantes sont vraies ou fausses.

	vrai	faux
1. Les BD classiques comme *Astérix* et *Lucky Luke* sont populaires seulement en France et en Belgique.	❏	❏
2. *Tintin* est une œuvre de Hergé.	❏	❏
3. *Les aventures de Tintin* sont les histoires d'un petit Gaulois et de ses amis qui triomphent de leurs adversaires.	❏	❏
4. En France, les adultes n'aiment pas les BD d'humour et d'aventure.	❏	❏
5. Le roman graphique est un nouveau genre de BD.	❏	❏
6. Les thèmes dans les romans graphiques sont plus personnels.	❏	❏
7. Le roman graphique *Persépolis* raconte la vie d'une jeune fille qui souffre d'épilepsie.	❏	❏

À la découverte du monde francophone

Module **9**

 For more self-correcting quizzes and cultural activities, go to **www.cengagebrain.com.**

La géographie du monde francophone

Voir Structure 9.1 Using prepositions with geographical names *Les prépositions et la géographie*

A **Dans la valise.** Les personnes suivantes vont bientôt partir en voyage et préparent leur valise. D'abord, sélectionnez la préposition appropriée (**à, au** ou **en**) pour chaque pays ou ville dans la colonne de droite. Ensuite, associez chaque phrase de la colonne de gauche à la ville ou au pays approprié(e) de la colonne de droite. La première phrase a été faite pour vous.

_a_ **1.** Dans la valise de Jean, il y a des chaussures de ski et plusieurs pull-overs. Il va…

     a. _en_ Suisse

_____ **2.** Dans la valise de François, il y a une carte de Tombouctou et un guide sur les Touaregs et le désert du Sahara. Il va…

     b. ____ Montréal

_____ **3.** Dans la valise de Lucille, il y a un maillot de bain, des lunettes de soleil et un guide sur les plages de la Méditerranée. Elle va…

     c. ____ Guadeloupe

_____ **4.** Dans la valise de Nora, il y a un livre sur la bière et le chocolat, et un dictionnaire français-flamand. Elle va…

     d. ____ Tunisie

_____ **5.** Dans la valise de Michèle et de Laurence, il y a des billets pour un match de hockey et des photos du fleuve Saint-Laurent. Elles vont…

     e. ____ Belgique

_____ **6.** Dans la valise de Lydia et de Nouredine, il y a un guide sur les pays du Maghreb et un dictionnaire français-arabe. Ils vont…

     f. ____ Paris

_____ **7.** Dans la valise de Pamela, il y a un guide sur les tableaux du musée du Louvre et des euros. Elle va…

     g. ____ Mali

_____ **8.** Dans la valise d'Aziza, il y a un livre de cuisine créole, des sandales et un chapeau. Elle va…

     h. ____ Nice

B **Clichés d'aéroport.** Vous êtes à l'aéroport international de Los Angeles. Vous observez les voyageurs qui passent, leurs vêtements et leurs bagages, et vous essayez de deviner *(guess)* d'où ils viennent. Complétez les phrases suivantes en sélectionnant la préposition (**de, du** ou **d'**) correcte.

1. Cette femme porte une jupe courte et des sandales. Elle a un sombrero, des lunettes de soleil et elle est très bronzée. Elle vient sûrement _____ Mexique.

2. Cet homme aux cheveux blonds est très pâle. Il a un parapluie *(umbrella)* dans la main et un manteau. Il vient sûrement _____ Angleterre.

3. Cet homme, avec son béret sur la tête, sa moustache et sa baguette vient sûrement _____ France.

4. Cette femme porte un voile et son mari a un turban sur la tête. Ils viennent peut-être _____ Pakistan.

5. Ce musicien a un didjeridou. Il vient sûrement _____ Australie.

6. Ces étudiants américains sont très hippies et ils sont bronzés. Ils viennent peut-être _____ Santa Cruz.

C **Chassez l'intrus.** Lisez les listes suivantes, sélectionnez la catégorie appropriée et donnez l'intrus pour chaque liste.

> **Modèle:** l'Europe, l'Amérique du Nord, l'Afrique, l'Asie, l'Australie, la France
>
> **Catégorie:** _les continents_____ **Intrus:** _la France_____

Liste de catégories: les fleuves, les forêts, les continents, les montagnes, les îles, les déserts, les parcs nationaux

1. le Niger, Madagascar, La Réunion, la Martinique, la Nouvelle-Calédonie, Saint-Pierre-et-Miquelon

   Catégorie: _____ **Intrus:** _____

2. le Mississippi, l'Amazone, les Antilles, le Nil, le Danube, le Saint-Laurent

   Catégorie: _____ **Intrus:** _____

3. le Mont Blanc, l'Himalaya, les Andes, les Pyrénées, les Rocheuses, la Tunisie

   Catégorie: _____ **Intrus:** _____

4. le Kalahari, le Sahara, la Méditerranée, le Mojave, la vallée de la Mort

   Catégorie: _____ **Intrus:** _____

5. Yosemite, la Sardaigne, Banf, Yellowstone, la Réserve nationale du Masai Mara

   Catégorie: _____ **Intrus:** _____

Voir Structure 9.2 Avoiding the repetition of place names *Le pronom y*

D **Chacun sa spécialité!** Chaque pays et région a sa spécialité culinaire. Complétez les phrases en mettant le pronom **y** dans le blanc approprié.

1. Paul et Virginie veulent aller en Tunisie parce qu'on _____ peut _____ manger un très bon couscous.

2. Nourredine adore aller au Québec parce qu'on _____ mange _____ une excellente poutine (*traditional dish of French fries and cheese*).

3. Sacha va à La Nouvelle-Orléans pour Mardi gras. Elle _____ va _____ manger un jambalaya.

4. — Typiquement, est-ce qu'on mange une fondue au fromage au Vietnam?

   — Non, typiquement, on _____ n(e) _____ mange _____ pas de fondue au fromage.

5. — Au Maroc, est-ce qu'on peut trouver facilement (*easily*) un tajine?

   — Oui, on _____ peut _____ trouver facilement un tajine.

6. L'année dernière, Armelle est allée en Suisse et elle _____ a _____ mangé une excellente fondue au fromage.

Comment comparer (suite)

Voir Structure 9.3 Comparing quantities and performance and singling out exceptional features
Le comparatif (suite) et le superlatif

E **Chacun son artiste!** Certains pays sont connus pour leurs chanteurs et chanteuses. Regardez les artistes et pays suivants, puis indiquez si les phrases à la page 82 sont vraies ou fausses.

ARTISTE	PAYS
MC Solaar (Claude M'Barali) Né le 5 mars 1969 Genre: Rap Début de sa carrière: 1990	**Le Sénégal** 9 987 494 habitants Superficie: 196 192 km² Langue officielle: le français Sommet: Futa Jaldon Foothills (581 m) Frontières avec: la Mauritanie, le Mali, la Guinée Bissau, la Guinée et la Gambie
Tiken Jah (Doumbia Moussa) Fakoly Né le 23 juin 1968 Genre: Reggae Début de sa carrière: 1992	**La Côte d'Ivoire** 15 980 950 habitants Superficie: 322 462 km² Langue officielle: le français Sommet: Mont Nimba (1 752 m) Frontières avec: le Burkina Faso, le Liberia, la Guinée, le Mali et le Ghana
Alanis Morissette Née le: 1er juin 1974 Genre: Rock Début de sa carrière: 1990	**Le Canada** 31 281 092 habitants Superficie: 9 976 139 km² Langues officielles: l'anglais et le français Sommet: Mount Logan (6 050 m) Frontières avec: les États-Unis

Stephan Eicher
Né le: 17 août 1960
Genre: Pop, variété
Début de sa carrière: 1986
	La Suisse
	7 260 360 habitants
	Superficie: 41 290 km²
	Langues officielles: allemand, français, italien,
	    romanche
	Sommet: Pointe Dufour (4 634 m)
	Frontières avec: la France, l'Allemagne, l'Autriche,
	    le Liechtenstein et l'Italie

Faudel (Bellula)
Né le: 6 juin 1978
Genre: Raï
Début de sa carrière: 1997
	La France
	60 000 000 habitants
	Superficie: 551 500 km²
	Langue officielle: français
	Sommet: Mont Blanc (4 808 m)
	Frontières avec: la Belgique, le Luxembourg,
	    l'Allemagne, la Suisse, l'Italie, Monaco, l'Espagne
	    et Andorre

Source: http://www.1clic1planet.com

1. ____ V ____ F La Suisse est le pays le moins peuplé de tous.

2. ____ V ____ F La Côte d'Ivoire est le pays le plus vaste.

3. ____ V ____ F Le Sénégal est le pays le moins grand.

4. ____ V ____ F Le Sénégal et la Côte d'Ivoire ont autant de langues officielles que la Suisse.

5. ____ V ____ F Faudel est le plus jeune chanteur du groupe.

6. ____ V ____ F Stephan Eicher a la plus longue carrière des chanteurs.

F **Similarités et différences.** Trouvez des similarités et des différences parmi les pays de l'exercice E. Écrivez des phrases avec **moins de, plus de** et **autant de**. Utilisez votre imagination.

> **Modèle:** la Suisse et la Côte d'Ivoire
> *Il y a plus de soleil en Côte d'Ivoire qu'en Suisse. La Côte d'Ivoire n'a pas autant de montagnes que la Suisse.*

Catégories: habitants, soleil, autoroutes, plages, montagnes, neige, langues officielles, frontières

1. le Sénégal et le Canada

_____

_____

2. la France et la Suisse

_____

_____

3. la Côte d'Ivoire et le Sénégal

_____

_____

Les moyens de transport

Voir Structure 9.4 Making recommendations *Il faut, il vaut mieux + infinitif*

G **Qu'est-ce qu'il faut amener?** Des copains de l'université et vous allez bientôt voyager en Afrique francophone. Vous demandez à votre guide, Christophe, si vous devez amener certaines choses. Imaginez ce qu'il dit en écrivant une réponse logique avec **il faut, il ne faut pas** ou **il vaut mieux**. Remplacez le lieu ou l'objet souligné par le le pronom approprié (**le, la, les, y, en**).

Rappel: Il faut roughly translates to *you need to; you must; it's necessary*. **Il vaut mieux** means *it's advisable; it's a good idea; you should*. In many contexts they are interchangeable.

Modèle: Céline: Il est préférable d'apporter <u>des sandales</u>, non?

             Christophe: *Oui, il vaut mieux en apporter.*

1.   Catherine: Pour y arriver, est-ce qu'on va voyager en avion ou en bateau?

     Christophe: Pour y arriver le plus vite possible, _____ (1).

2. Jean et Marie: Nous devons apporter <u>nos passeports</u>, non?

     Christophe: Oui, _____ (2).

3.   Ludovic: On peut fumer <u>dans l'avion</u>?

     Christophe: Non, _____ (3).

             C'est interdit!

4.   Anne: Est-ce que vous me conseillez de prendre <u>l'itinéraire avec l'adresse de l'hôtel</u>?

     Christophe: Oui, _____ (4).

5.   Corinne: Est-ce que je devrais prendre mes trois grandes valises ou une seule?

     Christophe: Pour te déplacer plus facilement, _____ (5)
             en prendre une seule.

6.   Manu: Est-ce que je dois apporter <u>des guides des pays</u> ou en acheter à Dakar?

     Christophe: _____ (6) avant de partir. Vous trouverez plus de bons guides
             à Paris.

Activités de vacances

Voir Structure 9.5 Talking about what you know or what you know how to do as opposed to your familiarity with places and people *Savoir et connaître*

H **Un week-end à Bruxelles.** Isabelle et Youssef parlent avec Jens de leur prochain week-end. Complétez leur conversation avec la forme correcte de **savoir** ou **connaître**.

YOUSSEF: Isabelle et moi, nous allons aller à Bruxelles le week-end prochain. Est-ce que tu voudrais venir avec nous?

JENS: Avec plaisir! Je _____ (1) très bien la Belgique, si vous voulez, je peux être votre guide.

ISABELLE: Bonne idée! Est-ce que tu _____ (2) où on peut manger les meilleures moules-frites?

JENS: Oui, dans un petit resto près de la Grand' Place. Est-ce que vous _____ (3) le Manneken-Pis?

YOUSSEF: Nous _____ (4) que c'est un des emblèmes de Bruxelles.

ISABELLE: Est-ce que tu _____ (5) un endroit sympa pour boire une bonne bière? Les Belges _____ (6) vraiment bien les faire.

JENS: Bien sûr!

ISABELLE: Je voudrais aussi _____ (7) où on peut acheter des Speculos, ces biscuits au gingembre *(ginger)* absolument délicieux!

JENS: Ah ça, je ne _____ (8) pas, mais je peux demander à ma cousine, elle _____ (9) toutes les boulangeries de Bruxelles.

YOUSSEF: Eh bien, ça va être un week-end très cool!

I **Questions personnelles.** Répondez aux questions suivantes avec des phrases complètes.

1. Quel pays avez-vous déjà visité? Parlez de sa géographie. Qu'est-ce que vous y avez vu? Qu'est-ce que vous y avez mangé?

_____

_____

2. Quel est le meilleur concert de musique que vous avez vu? Qui était le/la chanteur/chanteuse ou quel était le groupe? Pourquoi est-ce le meilleur concert pour vous? Si vous n'avez pas assisté à un concert, quel chanteur/chanteuse/groupe aimeriez-vous aller voir? Pourquoi?

_____

_____

3. Quelle est votre destination de vacances préférée? Qu'est-ce que vous aimeriez y faire?

_____

_____

Comment organiser un voyage

J **Une conversation à l'agence de voyages.** Voici une conversation qui a eu lieu dans une agence de voyages. Remettez les phrases dans le bon ordre.

____ 1.   **a.** AGENT: Non, il n'y a qu'un vol par jour.

____ 2.   **b.** AGENT: Quand voulez-vous voyager?

____ 3.   **c.** CLIENT: En classe économique.

____ 4.   **d.** CLIENT: Voici ma carte.

____ 5.   **e.** CLIENT: Bonjour, oui, je voudrais acheter un billet aller-retour Paris-Dakar.

____ 6.   **f.** AGENT: Du 30 mars au 6 avril… Il y a un vol direct Paris-Dakar sur Air Sénégal qui part à 10h00.

____ 7.   **g.** CLIENT: Alors d'accord pour 10h, le 30 mars.

____ 8.   **h.** AGENT: Bonjour, monsieur. Est-ce que je peux vous renseigner?

____ 9.   **i.** AGENT: Très bien. Le billet coûte 655 euros.

____ 10. **j.** CLIENT: Hmm, à 10h… Est-ce qu'il y a un autre vol plus tard?

____ 11. **k.** CLIENT: Dans deux semaines, le 30 mars. Et puis je voudrais revenir le 6 avril.

____ 12. **l.** AGENT: Préférez-vous voyager en classe affaires ou en classe économique?

K **Un voyage au Mali.** Imaginez que vous allez dans une agence de voyages pour demander des conseils pour un voyage au Mali. Complétez votre conversation en utilisant les mots de la liste suivante.

connais	le	aller-retour	savez
saison	région	moins	chaud
y	vol	meilleur	

AGENT: Bonjour! Est-ce que je peux vous renseigner?

VOUS: Oui, s'il vous plaît. Est-ce que vous _____ (1) si je dois être vacciné(e)

contre le paludisme *(malaria)* pour aller au Mali?

AGENT: Oui, il vaut mieux. Est-ce que vous _____ (2) êtes déjà allé(e)?

VOUS: Non, mais je rêve de visiter cette _____ (3) de l'Afrique francophone.

AGENT: Ah bon, pourquoi?

VOUS: Parce que j'adore le musicien malien Ali Farka Touré. Vous _____ (4)

connaissez?

AGENT: Oui, un peu, je _____ (5) une de ses chansons… Alors, quand voulez-vous

partir?

VOUS: Je ne sais pas… Je voudrais éviter *(avoid)* la _____ (6) des pluies et je ne veux

pas y être quand il fait trop _____ (7) non plus…

AGENT: Alors, le _____ (8) moment est au mois de novembre ou décembre.

VOUS: Parfait! Réservez-moi un _____ (9) Paris-Bamako du 3 au 24 novembre.

AGENT: Il y a un _____ (10) avec la compagnie Alitalia le matin à 10h00 et un autre le

soir avec Air France à 23h00. Lequel préférez-vous?

VOUS: Je voudrais le _____ (11) cher.

AGENT: Très bien. Voici votre billet. Bon voyage!

Synthèse: Vive la fête de la musique!

Le 21 juin, des centaines de musiciens et musiciennes jouent gratuitement (*for free*) dans les rues des grandes villes de France pour célébrer la fête de la musique, de 8 heures du soir à 4 heures du matin. Tous les genres de musique sont représentés: rock, pop, indie, jazz, raï, classique, techno, reggae, country, musique du monde, etc. Imaginez que vous avez assisté à cette grande fête et que vous la décrivez à des amis américains. Écrivez au passé. Vous devez utiliser au moins 6 des éléments suivants dans votre réponse (indiquez les éléments que vous utilisez).

deux comparatifs _____ _____   un moyen de transport _____

un superlatif _____   y _____

il faut _____   **savoir** _____ ou **connaître** _____

il vaut mieux _____

_____

_____

_____

_____

_____

_____

_____

_____

_____

_____

_____

_____

🌐 Perspectives culturelles

A Relisez le texte **La Francophonie: une source des musiques du monde** à la page 266 de votre livre et répondez aux questions suivantes.

1. Selon le texte, «la création artistique surpasse *(transcends)* les frontières nationales et les genres catégoriques». Expliquez en **français** ce que cela signifie pour vous.

_____

_____

2. Les musiques du monde ont des influences de plusieurs parties du monde. Donnez des exemples.

_____

_____

B Relisez le texte **Le créole: un mélange de langues africaines et de français** à la page 272 de votre livre. Choisissez la meilleure réponse.

1. Le créole parlé aux Antilles et en Louisianne est principalement un mélange de a) français et anglais b) français et langues africaines c) français et arabe

2. Le vocabulaire (mots) du créole viennent surtout du/des a) français b) langues africaines c) Maghreb

3. La grammaire du créole vient surtout de/du/de l' a) langues africaines b) français c) anglais

4. Le créole est une langue officielle a) à la Martinique b) en Guadeloupe c) à Haïti

5. Aux États-Unis le créole a) ne se parle pas b) est une langue qui disparaît *(which is disappearing)* c) se parle par 2 millions de gens

C **Voix en direct:** Écoutez parler quelques artistes du monde francophone.

Relisez les témoignages des artistes aux pages 266–267 et répondez aux questions suivantes.

1. Selon Jean-François Pauzé des Cowboys fringuants, ses chansons doivent parler de sujets importants. Pourquoi? Donnez un exemple d'un sujet important.

_____

_____

2. Selon le groupe Kassav', à qui appartient la musique zouk? Comment cela est-il possible? Pourquoi est-ce que les jeunes d'aujourd'hui s'éloignent *(grow distant)* de la musique américaine, selon eux?

_____

_____

3. À votre avis, quel est le chanteur des musiques du monde le plus intéressant? Pourquoi?

_____

_____

La maison et la routine quotidienne

Module 10

 For more self-correcting quizzes and cultural activities, go to **www.cengagebrain.com**.

La vie de tous les jours

Voir Structure 10.1 Describing your daily routine *Les verbes pronominaux (suite)*

A J'en ai marre de ma routine! Paul et Marc sont deux étudiants canadiens qui se connaissent depuis longtemps. Ce sont de très bons amis, mais ils sont aussi très différents. Paul est très travailleur et sérieux, alors que Marc est plus sociable et moins discipliné. Complétez leur conversation sur leur routine à l'université en mettant les verbes donnés au **présent** ou à **l'infinitif**.

MARC: Dis, Paul, ça va? Tu as l'air fatigué.

PAUL: J'en ai marre *(I'm sick)* de ma routine. Tous les jours, je _____ (1. se réveiller) à 6h30, je _____ (2. s'habiller) et je _____ (3. se préparer) pour mes cours. Après les cours, j'étudie: je passe l'après-midi et la soirée à la bibliothèque. J'ai vraiment besoin d'un break, mais je dois _____ (4. se concentrer) sur ma thèse *(thesis)*.

MARC: Dis, tu n'aimerais pas m'accompagner à Toulouse le semestre prochain avec mon programme d'échanges? Avec un ordinateur portable et une connexion Internet, tu peux faire ta thèse n'importe où *(anywhere)*!

PAUL: Je ne sais pas… Je _____ (5. se servir) beaucoup de mes livres, c'est un peu lourd *(heavy)* pour voyager.

MARC: Moi je pense que si tu _____ (6. s'organiser) bien, c'est tout à fait faisable *(feasible)*! Et après à Toulouse, notre vie quotidienne, elle est comme ça: on _____ (7. se lever) tard, on va en classe et on travaille l'après-midi. Le soir, on sort dans les bars et on _____ (8. s'amuser). On _____ (9. se coucher) vers une ou deux heures du matin et on recommence le lendemain. En plus, mon copain Alex va participer au programme.

PAUL: Hmm, quand vous êtes ensemble, vous ne travaillez pas, vous _____ (10. s'amuser) tout le temps!…

Voir Structure 10.2 Describing what you did yesterday *Les verbes pronominaux au passé composé*

B **Un peu de discrétion!** Jessica, la coloc de Paul et Marc n'est pas très discrète. Elle parle avec une copine au téléphone avec le haut-parleur *(speaker phone)* et Paul et Marc entendent tout! Complétez leur conversation en conjuguant les verbes entre parenthèses au **passé composé**.

LA COPINE: Salut, toi, ça va?

JESSICA: Oui, je _____ (1. se réveiller) tôt aujourd'hui et j'ai déjà fait plein de choses.

LA COPINE: Laisse-moi deviner *(guess)*: tu _____ (2. se laver) les cheveux, tu

_____ (3. se maquiller) et tu _____ (4. mettre) ton

nouveau jean parce que ton copain va venir te chercher!

JESSICA: Exact! Je _____ (5. se préparer) pour notre aventure-surprise! Je suis

super impatiente!

LA COPINE: Il ne t'_____ (6. pas dire) où il allait t'emmener?

JESSICA: Non, mais j'aimerais vraiment savoir! Hier, nous _____ (7. se promener)

au bord de la plage et j'_____ (8. essayer) de lui demander des indices

(clues), mais il _____ (9. se dépêcher) de changer de sujet de conversation…

Oh, quelqu'un frappe à la porte, je crois que c'est lui, je t'appelle dès mon retour!

LA COPINE: Bonne journée!

C **Une réunion convaincante.** Pour convaincre Paul de l'accompagner en France, Marc l'invite à assister à une réunion d'information. Pendant cette réunion, deux étudiants qui ont déjà passé un semestre à Toulouse parlent de leur expérience là-bas. Complétez leurs commentaires en mettant les verbes donnés au **passé composé** ou à **l'infinitif**.

ÉLISA: Eh bien, pour moi, c'est très simple, j'ai passé la meilleure année de ma vie à Toulouse.

D'abord, tous les jours, je _____ (1. se réveiller) avec le soleil et avec une

douce chaleur. Quelle différence avec le Canada! Et puis, les gens sont gentils et prennent le

temps de vivre: je _____ (2. ne pas se dépêcher) une seule fois là-bas, j'ai

vraiment pu _____ (3. se détendre) et aussi travailler efficacement

(efficiently). La vie est différente là-bas, il faut vraiment y aller!

ANNABELLE: Moi aussi, j'ai vraiment vécu un semestre incroyable. Tout le monde a été très sympa

avec moi. Le début a été un peu difficile: je _____ (4. se disputer)

avec ma camarade de chambre, elle _____ (5. se mettre) en colère

parce qu'une fois je _____ (6. se servir) de son ordinateur portable

sans *(without)* lui demander la permission. Mais je lui ai préparé un bon petit repas pour

_____ (7. s'excuser) et après ça, nous sommes devenues très bonnes

amies et nous _____ (8. s'amuser) toutes les deux comme des sœurs! Je

garderai *(will keep)* toujours un excellent souvenir de mon séjour toulousain.

DANIEL: Moi aussi, je _____ (9. beaucoup s'amuser) là-bas. Le campus est

sympa, le climat est agréable, et je vous conseille de _____ (10. se

promener) le long de la Garonne, le fleuve *(river)* qui coule à Toulouse. C'est super beau!

Moi, c'est simple, quand j'ai appris qu'il y avait ce programme d'échanges avec Toulouse, je

_____ (11. se dépêcher) de m'inscrire et je ne le regrette absolument pas!

La maison, les pièces et les meubles

D **Un appartement sur Internet.** Paul a accepté de passer le semestre prochain avec Marc à Toulouse. Maintenant, ils doivent trouver un appartement à louer. Marc trouve ce plan sur Internet. Ajoutez les noms des pièces et des meubles qui manquent.

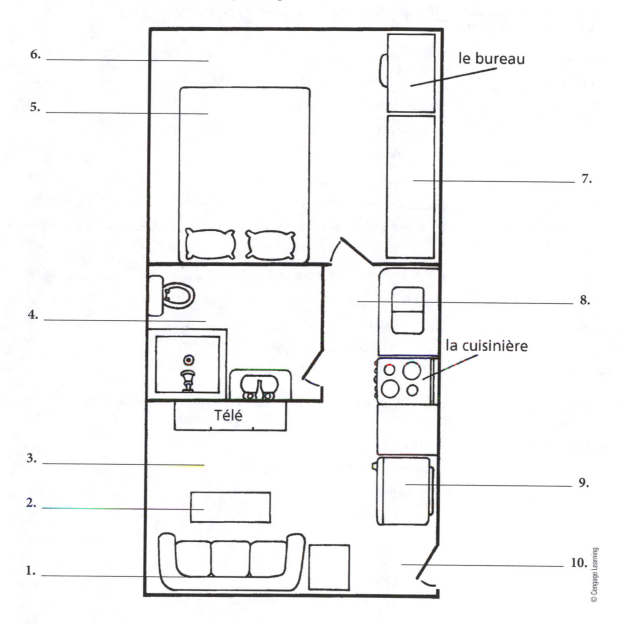

6. _____

5. _____

le bureau

7. _____

4. _____

8. _____

la cuisinière

Télé

3. _____

2. _____

9. _____

1. _____

10. _____

© Cengage Learning

Les tâches domestiques et les gestes écolos

Voir Structure 10.3 Making requests *L'impératif (suite)*

E **Dans leur logement toulousain.** Voici des instructions laissées pour Paul et Marc pour leur nouvel appartement à Toulouse. Complétez ces conseils en conjuguant les verbes entre parenthèses à l'impératif. Utilisez la forme **vous.**

Bienvenue dans votre nouveau logement! Voici les règles à suivre.

1. (ne pas oublier) _____ de payer votre loyer au début du mois.

2. (faire) _____ attention de bien fermer la porte à clé.

3. (être) _____ respectueux des autres locataires de l'immeuble: (ne pas mettre) _____ la musique trop fort.

4. Une fois par semaine, (passer) _____ l'aspirateur dans le couloir.

5. (ne pas laisser) _____ sortir le chat roux que vous voyez dans le couloir. C'est mon chat et il doit rester à l'intérieur. S'il arrive à s'échapper, (me téléphoner) _____ immédiatement.

6. (recycler) _____ le plastique et le papier. (Penser) _____ aussi à éteindre la lumière quand vous sortez.

7. (s'amuser) _____ bien ici à Toulouse et (prendre) _____ le temps de découvrir ses vieilles rues; vous découvrirez des trésors!

Monsieur Létage

F **Comment être diplomatique.** Paul dit à Marc ce qu'il faut faire dans leur nouvel appartement. Lisez ce que Paul pense et sélectionnez la demande équivalente la plus diplomatique.

Modèle: Marc ne fait pas la vaisselle.

   ✓   **a.** Marc, tu veux bien faire la vaisselle, s'il te plaît?

_____ **b.** Marc, fais la vaisselle!

_____ **c.** Tu es vraiment sale!

1. Marc ne passe jamais l'aspirateur.

_____ **a.** Bon, il faut passer l'aspirateur tout de suite.

_____ **b.** Tu as le temps de passer l'aspirateur, s'il te plaît?

_____ **c.** J'ai l'impression que c'est encore moi qui vais passer l'aspirateur…

2. Le salon est toujours en désordre.

_____ **a.** On range le salon et après on va boire un café?

_____ **b.** Tu n'as pas rangé le salon une seule fois depuis qu'on est ici!

_____ **c.** Va ranger le salon pour une fois!

3. Marc laisse toujours ses vêtements partout.

_____ **a.** Ta mère ne t'a pas appris à mettre tes vêtements dans ton placard?

_____ **b.** Mets tes vêtements dans ta chambre!

_____ **c.** Tu voudrais bien mettre tes vêtements dans ta chambre?

4. Après les repas, Marc laisse toujours la nourriture partout.

        _____ **a.** Mettons la nourriture dans le frigo, d'accord?

        _____ **b.** Marc… Mets la nourriture dans le frigo quand tu as fini.

        _____ **c.** C'est encore moi qui vais mettre la nourriture dans le frigo…

5. Marc ne recycle jamais le plastique.

        _____ **a.** Tu n'es vraiment pas écolo, toi!

        _____ **b.** Il vaut mieux ne pas gaspiller *(waste)*, tu veux bien recycler le plastique?

        _____ **c.** Va mettre le plastique dans la poubelle à recycler!

G **Questions personnelles.** Répondez aux questions suivantes avec des phrases complètes.

1. Comment est-ce que les tâches domestiques sont-elles réparties *(distributed)* chez vous? Qui fait quoi?

_____

_____

2. Quelle tâche domestique est-ce que vous détestez le plus?

_____

_____

3. Quels sont vos gestes écolos?

_____

_____

Comment trouver le mot juste

H **Qu'est-ce qu'on dit?** Peu après son arrivée, Marc commence à sortir avec Estella, une étudiante espagnole. Elle ne parle pas très bien français alors Marc l'aide à apprendre ce qu'on dit dans les situations suivantes. Sélectionnez l'expression qui convient pour chaque situation.

Repose-toi!	**Remets-toi vite!**	**Bon anniversaire!**
Amuse-toi bien!	**Bonne chance!**	**Bonne nuit!**
Bon appétit!	**Félicitations!**	

1. Si ton ami(e) est fatigué(e) après une semaine difficile, tu lui dis: _____

2. Quand quelqu'un a un rhume *(cold)*, tu lui dis: _____

3. Si un ami fête son anniversaire, tu lui dis: _____

4. Quand quelqu'un va sortir en boîte, tu lui dis: _____

5. Si tes amis vont passer un examen, tu leur dis: _____

6. Si ta colocataire va se coucher, tu lui dis: _____

7. Quand quelqu'un commence un repas, tu lui dis: _____

8. Si ton amie réussit à un examen, tu lui dis: _____

Comment se plaindre

Voir Structure 10.4 Using negative expressions *Les expressions négatives*

▮ Comme un vieux couple! Marc et Paul se disputent souvent au sujet de la répartition *(distribution)* des tâches domestiques. Complétez leur conversation en sélectionnant l'élément négatif approprié.

PAUL: Écoute, j'en ai marre! C'est toujours moi qui passe l'aspirateur!

MARC: Et alors? Toi, tu ne fais _____ (1. ni / rien / jamais) la cuisine! Et maintenant,

tu ne fais même _____ (2. rien / plus / personne) les courses! C'est moi qui

dois tout faire.

PAUL: Ah oui? Et qui est-ce qui fait la vaisselle tous les jours, hein? Qui?

MARC: Oh! Ça va! Tu ne fais _____ (3. plus / que / rien) ça. Alors s'il te plaît!

PAUL: _____ (4. Personne ne / Jamais / Rien ne) va dans cette maison! J'en ai assez!

Je n'ai ni la patience _____ (5. ni / que / jamais) l'énergie de supporter ça!

MARC: Alors, passe l'aspirateur, ça va te détendre et on en reparlera après!

Synthèse: Moi et ma chambre

The academic year is starting in a couple of weeks and you and your best friend still haven't found a place to live. Together you look up **www.avendrealouer.com** on the Internet and find the following ads (**les annonces**), all within walking distance to campus. Choose one ad and explain why you think this is the best place for you and your friend.

Nouveau vocabulaire:

un ascenseur	*an elevator*	un gardien	*a guard*
un chauffage	*heating*	un séjour	*a living room*

Annonce n°1. Au 4ème étage d'un immeuble calme, 3 pièces composé d'une entrée, d'un séjour, de deux chambres meublées, d'une cuisine, d'un wc et d'une salle de bains. Pas d'ascenseur, pas de parking. Libre le 4 septembre. Loyer: 895 €/mois, charges comprises. Réf: Boursicault. Tél: 01.42.13.79.01

Annonce n°2. Appartement composé d'une entrée, séjour, 2 chambres, cuisine, salle de bains avec wc. Refait neuf. Chauffage électrique. Très belle vue, très bel immeuble. 1 place parking. Loyer: 935 €/mois, charges comprises. Réf: M30/. Tél: 01.56.41.22.36

Annonce n°3. Au 5ème étage sans ascenseur, appt de 3 pièces comprenant entrée, séjour, 2 chambres, balcon, cuisine, salle de bains, wc séparés. Chauffage gaz. Libre le 31 août. Loyer: 1200 €/mois, charges comprises. Réf: L15/. Tél: 01.56.31.22.20

Annonce n°4. Dans imm. 1990 avec gard. au 6ème avec asc., vue sur jardin, appart comprenant entrée, séjour avec terrasse, parquet, 2 chbres moquette, plcd, cuisine, sdb, wc, cave et parking. Chauff / eau chaude électrique. Tél: 06 61 33 03 05. Loyer: 1050 €/mois charges comprises. Réf: 19E2-3

Annonce n°5. Dans immeuble ancien, au 5ème étage avec ascenseur, un appartement composé d'une entrée, d'un séjour, de 2 chambres, d'une cuisine équipée (plaques, frigo, lave-linge, lave-vaisselle), d'une salle de bains, wc séparés, balcon. 2 places parking. Libre le 1er septembre. Loyer: 1100 €/mois charges comprises. Tél: 01.42.79.55.50

Annonce n°6. 3 Pces, 2ème étage, asc, entrée, cuisine avec frigo, salle de bains, wc séparés, séjour, 2 chambres, placards, cave, parking, gardien, interphone. Tél entre 9 h et 12 h au 06 17 38 79 12 ou 01 48 20 45 87. Loyer: 1200 €/mois charges comprises. Réf: 1194/.

Modèle: *J'aime l'annonce n° 1. Pour mon colocataire et moi, c'est l'appartement idéal parce qu'il n'est pas très cher et que nous ne sommes pas riches. Il y a déjà des meubles dans les chambres, alors nous allons économiser (save) un peu d'argent comme ça. Il n'y a pas de parking? Ce n'est pas grave (It doesn't matter) parce que nous n'avons pas de voiture. Il n'y a pas d'ascenseur, mais nous sommes sportifs: nous prenons les escaliers! Et puis, nous préparons des examens importants cette année, alors nous devons étudier dans le calme. Vraiment, c'est parfait!*

_____

_____

_____

_____

_____

_____

_____

🌐 Perspectives culturelles

A Relisez **Parlez-vous écolo?** aux pages 301–302 de votre manuel et complétez les phrases en choisissant l'élément approprié. Parfois, il y a plus d'une réponse.

_____ 1. Maintenant, les Français

_____ 2. Le mouvement écolo en France a commencé pendant

_____ 3. Depuis Fukushima, les Français sont

_____ 4. Pour être plus écolo, on peut

_____ 5. Pour changer ses habitudes de consommation, on peut

a. réparer ou échanger les objets au lieu de les jeter à la poubelle.

b. plus sceptiques en ce qui concerne l'énergie nucléaire.

c. trier les déchets.

d. acceptent la nécessité de faire des gestes écolos.

e. les années 1970.

B **Voix en direct: À la maison, quelles étaient vos tâches ménagères?** Relisez les témoignages à la page 305 de votre manuel et répondez aux questions suivantes.

1. Quelles tâches ménagères font Pierre-Louis et Rim? Et vous? Sélectionnez les options appropriées.

	Pierre-Louis	Rim	Vous
mettre la table	❏	❏	❏
débarrasser la table	❏	❏	❏
faire le lit	❏	❏	❏
ranger la chambre	❏	❏	❏
sécher la vaisselle	❏	❏	❏
aller chercher le pain	❏	❏	❏
promener le chien	❏	❏	❏
faire du jardinage	❏	❏	❏
accrocher le linge	❏	❏	❏

2. Selon Rim, comment est-ce qu'on divise les tâches de la maison chez elle? Et chez vous?

_____

_____

_____

3. Certaines personnes pensent qu'il est important que les enfants participent aux tâches ménagères et aident dans la maison. Êtes-vous d'accord? Pourquoi ou pourquoi pas?

_____

_____

_____

 For more self-correcting quizzes and cultural activities, go to **www.cengagebrain.com**.

Voyager en France

Paris, j'aime!

Voir Structure 11.1 Talking about the future *Le futur*

A Quel cadeau! Reem vient de recevoir son diplôme. Comme cadeau, ses parents lui ont offert un voyage en France pour deux personnes. Reem propose à sa copine Nadia de l'accompagner. Complétez le message suivant de Reem en mettant les verbes entre parenthèses au **futur**.

Chère Nadia,

Devine ce qui m'arrive! Mes parents viennent de m'offrir un voyage en France pour deux personnes et j'ai aussitôt pensé à toi! J'espère que tu seras prête à prendre l'avion dans trois semaines!

Imagine un peu… À Paris, nous _____ (1. se promener) sur les Champs-Élysées! Ensuite, avant de visiter le Louvre, nous _____ (2. aller) prendre un chocolat chez Angelina. Après avoir regardé *La Joconde*, on _____ (3. visiter) le musée Picasso dans le Marais.

J'ai déjà téléphoné à mon amie Catherine qui habite à Paris; elle est chef dans un grand restaurant parisien et elle nous _____ (4. faire) un dîner inoubliable *(unforgettable)*! Après, ce _____ (5. être) le moment parfait pour aller au cinéma. Il y _____ (6. avoir) sûrement des films super que nous n'avons pas vus! Ensuite, nous _____ (7. partir) à Aix-en-Provence, et là-bas, tu _____ (8. pouvoir) acheter beaucoup de produits parfumés à la lavande, je sais que tu adores ça! J'ai aussi l'adresse de deux artisans *(craftsmen)* qui nous _____ (9. montrer) comment faire du savon!

Alors? Qu'est-ce que tu en dis? Accepte… J'attends ta réponse avec impatience! Je _____ (10. être) si contente si tu dis oui! Grosses bises et appelle-moi vite!

Reem

B **En route pour Paris.** Reem et Nadia sont maintenant dans l'avion en direction de la capitale française. Elles discutent de ce qu'elles feront à Paris. Complétez la conversation en mettant les verbes entre parenthèses au **présent** ou au **futur**.

REEM: Quand nous _____ (1. arriver) à Paris, j(e) _____

_____ (2. acheter) tout de suite un croissant et un pain au chocolat!

NADIA: Oh là là! Tu ne penses qu'à manger! Moi, je _____ (3. lire) *L'Officiel des*

spectacles pour savoir quel film nous _____ (4. aller) voir si jamais il *(it ever)*

_____ (5. pleuvoir)!

REEM: Bonne idée. Et si tu _____ (6. ne pas trouver) de bon film, nous

_____ (7. pouvoir) toujours aller visiter un de ces formidables musées

parisiens!

NADIA: Oui, mais je te préviens *(warn)*... pas plus d'un musée par jour! De toute façon, quand

tu _____ (8. voir) combien l'architecture à Paris est belle, tu

_____ (9. ne pas avoir) envie *(the desire)* d'aller t'enfermer *(shut yourself)*

dans un musée!

REEM: Nous _____ (10. voir) quand nous _____ (11. être) là-bas!

C **Au cas où… !** Nadia et Reem parlent de ce qu'elles feront au cas où certaines situations se présentent. Complétez leur conversation en associant les éléments appropriés de la colonne A avec des éléments de la colonne B.

A

_____ **1.** Si nous perdons nos chèques de voyage,

_____ **2.** Si les restaurants sont trop chers,…

_____ **3.** Si le musée du Louvre est fermé pour travaux *(repairs)*,…

_____ **4.** Si nous avons besoin de renseignements,…

_____ **5.** S'il pleut,…

_____ **6.** Si nous ratons *(miss)* l'avion pour revenir aux États-Unis,…

_____ **7.** Si les transports en commun sont en grève *(on strike)*,…

_____ **8.** Si nous avons assez d'argent,…

B

a. nous pique-niquerons dans les parcs.

b. nous marcherons ou nous prendrons un taxi.

c. nous utiliserons notre carte de crédit.

d. nous profiterons de notre journée supplémentaire à Paris pour visiter le musée Rodin.

e. nous achèterons des billets pour l'opéra.

f. nous irons voir des films à la cinémathèque.

g. nous en demanderons au guichet d'information *(information booth)*.

h. nous irons nous promener au jardin du Luxembourg.

Comment se repérer en ville

D **Pardon, monsieur…** Nadia et Reem ont oublié leur plan de Paris à l'hôtel! Elles sont rue Bellechasse, devant le musée d'Orsay et elles ne savent pas comment aller à l'Hôtel de Ville. Elles demandent leur chemin à un monsieur qui passe dans la rue. En vous aidant du vocabulaire de la liste et de la carte, complétez leur conversation.

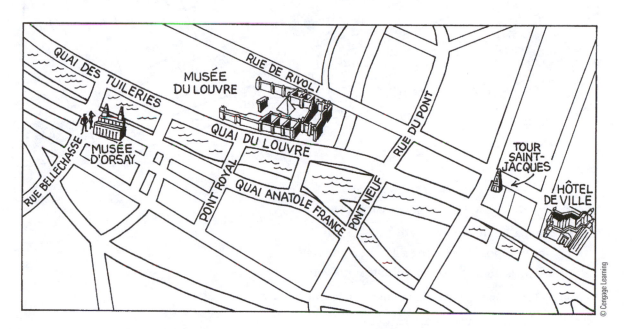

à droite	tournez à droite	devant	jusqu' à
loin d'	où se trouve	prenez	tournez
tout droit	traverser		

REEM: Pardon, monsieur, vous pouvez me dire _____ (1) l'Hôtel de Ville?

LE PASSANT: Alors, l'Hôtel de Ville… il est assez _____ (2) ici, vous allez devoir

marcher… Tournez _____ (3) sur le quai Anatole France puis tournez

à gauche. Vous allez _____ (4) le pont Royal. De là, vous verrez bien

le musée du Louvre. Ensuite, _____ (5) le quai du Louvre et con-

tinuez _____ (6). À la rue du Pont, _____

(7) à gauche et continuez _____ (8) la rue de Rivoli. Là,

_____ (9), passez la tour Saint-Jacques et continuez à marcher. L'Hôtel

de Ville sera bientôt _____ (10) vous, un peu sur la droite.

REEM: Merci beaucoup, monsieur!

E **Tout faux!** Nadia n'a pas fait attention à ce que disait le passant et elle se trompe beaucoup. Heureusement, Reem sait où aller. Sélectionnez la bonne réponse aux questions de Nadia.

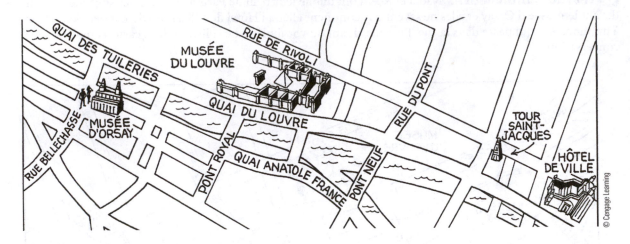

1. NADIA: Est-ce qu'on tourne à droite sur le pont Royal?

   REEM: **a.** Mais non! On va tout droit.

   b. Mais non! On tourne à gauche sur le pont.

   c. Mais non! On tourne à droite sur le Pont Neuf.

2. NADIA: Quand on est en face du Louvre, on tourne à gauche, c'est ça?

   REEM: **a.** Non, on tourne à droite.

   b. Non, on traverse le Louvre.

   c. Non, on ne verra pas le Louvre.

3. NADIA: L'Hôtel de Ville est juste à côté du Louvre, non?

   REEM: **a.** Pas du tout! L'Hôtel de Ville est derrière le Louvre.

   b. Pas du tout! L'Hôtel de Ville n'est pas très loin de la tour Saint-Jacques.

   c. Pas du tout! L'Hôtel de Ville est juste à côté du musée d'Orsay.

4. NADIA: L'Hôtel de Ville est entre le quai des Tuileries et le quai Anatole France, c'est bien ça?

   REEM: **a.** Non, il est entre la Tour Saint Jacques et le musée d'Orsay.

   b. Non, il est entre le Pont Royal et le Pont Neuf.

   c. Non, il est entre la rue de Rivoli et le quai du Louvre.

Voyager pas cher

Voir Structure 11.2 Finding out what you need and asking for information *Avoir besoin de et les mots interrogatifs (suite)*

F Une heureuse rencontre! Nadia et Reem ont décidé d'explorer le nord-est de la France. Dans le train qui les emmène à Nancy, elles rencontrent Alain, un journaliste pour le *Guide du Routard*. Alain est très sympa et leur donne de précieux renseignements pour un parfait séjour en Lorraine. Sélectionnez la réponse appropriée pour compléter leurs phrases.

1. Les hôtels sont un peu chers, alors allez plutôt dans une auberge de jeunesse. Vous paierez seulement 12 euros la nuit, mais vous aurez besoin _____.

   a. une réservation

   b. une carte de la Fédération unie des auberges de jeunesse (FUAJ)

   c. d'une carte de la Fédération unie des auberges de jeunesse (FUAJ)

2. Puisque *(Since)* vous voulez voir un maximum de choses pendant votre séjour et que vous êtes sportives, vous aurez besoin _____.

   a. louer des vélos

   b. de louer des vélos

   c. un vélo

3. Je vous conseille le musée de l'École de Nancy, un musée très intéressant sur l'Art Nouveau. Ils ont changé leurs horaires d'ouverture *(opening hours)* récemment, alors pour avoir les nouveaux horaires, vous aurez besoin _____.

   a. de téléphoner

   b. de réserver

   c. un téléphone

4. Et puis si vous voulez bénéficier du tarif réduit, vous aurez besoin _____.

   a. d'une carte d'étudiant

   b. d'une carte Inter-Rail

   c. d'étudier

5. La Lorraine est vraiment très bien située, elle est si près de l'Allemagne, de la Belgique et du Luxembourg! Vous devez visiter au moins un de ces pays. Pour payer moins cher, vous aurez besoin _____.

   a. d'un vélo

   b. d'un Eurail Pass étudiant

   c. un Eurail Pass étudiant

6. Vous aurez besoin _____ mais pas d'une somme énorme.

   a. d'argent

   b. de l'argent

   c. de patience

G **Guides improvisés.** À l'auberge de jeunesse, Nadia et Reem rencontrent une touriste belge. Très curieuses, elles lui posent beaucoup de questions. Choisissez la bonne réponse pour compléter leurs questions.

1. _____ est-ce que tu penses quand tu es seule?

    a. À quoi   **b.** De quoi   **c.** À qu'

2. _____ est-ce que tu t'amuses le soir?

    a. À qui   **b.** Avec qui   **c.** De qui

3. _____ est-ce que vous parlez quand tu rencontres des gens au café ou au bar?

    a. De quoi   **b.** De qu'   **c.** À quoi

4. Pour aller en boîte, _____ a-t-on besoin?

    a. de qu'   **b.** de qu'est-ce qu'   **c.** de quoi

5. Nous avons besoin de parler _____ pour obtenir des réservations?

    a. de qui   **b.** à qui   **c.** à quoi

Comment réserver une chambre d'hôtel

H **Une excursion imprévue!** Les deux copines ont décidé de passer trois jours dans le sud de la France. Elles désirent loger dans un hôtel au bord de la plage. Reem utilise son ordinateur portable pour écrire un mail à un hôtel et réserver une chambre. Lisez les informations suivantes sur l'hôtel et terminez le message de Reem en faisant une réservation.

Hôtel du Midi

191, avenue de Saint-Maurice

34250 Palavas-les-Flots

- Chambre double: 60€ (salle de bains à l'étage)
- Chambre double avec salle de bains et vue sur la mer: 85€; avec balcon: 94€

  Chambre simple: 55€; avec salle de bains: 65€
- Chambre simple avec salle de bains et vue sur la mer: 75€; avec coin cuisine: 80€
- Petit déjeuner non compris, dans le restaurant: 10€ (servi de 6h30 à 9h30) dans la chambre: 15€ (servi de 6h30 à 11h30).

© Cengage Learning

Monsieur,

Je vous écris pour réserver… _____

_____

_____

_____

_____

Merci de votre attention.

Explorons la France

Voir Structure 11.3 Making past participles agree with the helping verb **avoir** *L'accord du participe passé avec l'auxiliaire avoir*

I **Une aventure sur une rivière.** Arturo, un ami de Nadia qui habite à Marseille, lui écrit un mail et lui parle d'une aventure récente. Complétez le mail suivant en faisant l'accord du participe passé si nécessaire. Pour vous aider, soulignez l'objet direct avec lequel vous faites l'accord.

> **Modèle:** *C'est une ville que nous avons visitée.*

Chère Nadia,

Je viens de descendre la rivière qui coule au fond *(runs at the base)* des splendides gorges entre Nîmes et Avignon. Je l'ai descendu_____ (1) en canoë-kayak et crois-moi, c'est une expérience très physique! J'étais avec un groupe de gens et je les ai trouvé_____ (2) tous très sympathiques, excepté peut-être un étudiant qui n'a pas arrêté_____ (3) de se plaindre! C'est vrai que c'était fatigant, j'ai eu_____ (4) mal au dos *(a backache)* pendant cinq jours. C'est une descente très agréable mais nous l'avons fait_____ (5) très vite et nous avons dû_____ (6) beaucoup ramer *(to row)*. Après ça, nous avons fait_____ (7) une randonnée près du pont du Gard, et c'était magnifique!

Si ça te dit….

Les symboles de la France et l'identité nationale

Voir Structure 11.4 Talking about what you see and what you believe *Les verbes voir et croire*

J **Des symboles pour expliquer une identité.** Reem et sa copine française, Catherine, parlent des symboles français et de l'identité nationale. Complétez leur conversation en conjuguant les verbes **croire** et **voir** au présent.

Reem:	J'ai entendu beaucoup de controverses sur la Marseillaise: est-ce que tu _____ (1. croire) qu'il faut connaître les paroles?
Catherine:	Moi, je _____ (2. croire) que non, mais je pense qu'il faut savoir de quoi elle parle en général et pourquoi elle parle de ces choses-là. Tu _____ (3. voir), beaucoup de Français _____ (4. croire) qu'il faut changer la Marseillaise parce que les paroles sont trop violentes, mais à mon avis, il faut les garder parce qu'elles représentent la réalité d'une époque, la Révolution.
Reem:	Aux États-Unis, beaucoup de gens accrochent le drapeau américain pour le 4 juillet. Et en France?
Catherine:	Les Français _____ (5. ne pas voir) le drapeau comme les Américains: pour les Américains, le drapeau est un symbole d'unité très fort. Pas vraiment pour les Français.
Reem:	Je pense que vous, les Français, vous _____ (6. voir) la devise «Liberté, égalité, fraternité» comme un symbole plus important.
Catherine:	Tu as raison; nous _____ (7. croire) vraiment à ça.

Synthèse: Une proposition de voyage!

Reem et Nadia veulent quitter Paris pour quelques jours. Vous êtes guide touristique et vous leur proposez une visite de quelques jours dans une des régions suivantes: la vallée de la Loire, le Périgord, la Côte d'Azur, la Provence ou la Bretagne. Expliquez où elles logeront, le temps qu'il fera, leur moyen de transport et quelques activités qu'elles feront dans cette région. Utilisez un moteur de recherche *(search engine)* comme **google.fr** pour trouver des informations spécifiques sur la région de votre choix.

> **Modèle:** *Je sais que vous vous amusez bien à Paris. Mais Paris n'est pas toute la France! Je vous propose un petit voyage de quelques jours en _____ [région]. Ce ne sera pas trop cher. Vous pourrez…*

_____

_____

_____

_____

_____

_____

_____

_____

_____

_____

_____

_____

_____

_____

_____

🌐 Perspectives culturelles

A Relisez les pages consacrées à **Paris, j'aime!** dans votre manuel (pages 324–326), **La France et ses régions** à la page 336 et **Les Québécois et l'identité francophone** à la page 342. Indiquez si les affirmations suivantes sont vraies ou fausses. Si c'est faux, corrigez la phrase.

	vrai	faux
1. Paris a moins de prestige que les autres capitales européennes.	____	____
2. Le célèbre tableau *La Joconde* se trouve au musée d'Orsay.	____	____
3. Les Français ont beaucoup de respect pour le passé et la tradition. Alors, on voit peu d'exemples d'architecture moderne à Paris.	____	____
4. Le drapeau français et le drapeau américain ont les mêmes couleurs.	____	____
5. Après la Révolution tranquille au Québec, cette région est devenue plus catholique.	____	____
6. La fleur de lys est un symbole important de la République française et du Québec.	____	____
7. Le français est la seule lanque officielle du Québec.	____	____

_____

_____

_____

_____

_____

_____

_____

_____

B Relisez le poème *Le Message* de Jacques Prévert à la page 344. Imaginez que vous devez expliquer l'histoire de ce poème à Nadia et Reem. Écrivez un petit paragraphe **en prose**. Vous pouvez interpréter ce poème à votre manière pour l'expliquer.

_____

_____

_____

_____

_____

_____

_____

_____

C **Voix en direct: Quelle région de la France vous tient le plus à cœur?** Relisez les témoignages aux pages 336–337 de votre manuel et répondez aux questions suivantes.

1. Delphin parle de l'attitude de certains Parisiens à propos de la France. Qu'est-ce qu'il dit?

_____

_____

_____

_____

2. Quel est son conseil pour un voyageur en France?

_____

_____

_____

3. Laurence vient d'une région connue pour un produit culinaire. Qu'est-ce que c'est? Est-ce que vous venez d'une région connue pour un produit, une personne ou un événement en particulier? Expliquez.

_____

_____

_____

_____

Les jeunes face à l'avenir

Module 12

 For more self-correcting quizzes and cultural activities, go to **www.cengagebrain.com**.

Le système éducatif français

Voir Structure 12.1 Using pronouns for emphasis *Les pronoms relatifs **ce qui** et **ce que***

A **Les jeunes et l'éducation.** On a posé des questions à des jeunes Français au sujet de leurs études. Lisez leurs réponses, puis indiquez la phrase **qui ne correspond pas** aux commentaires de ces jeunes.

Micro-trottoir

Mehdi, 20 ans

«La fac, c'est pas du tout comme le lycée. Il faut être vachement indépendant parce que les profs vous aident pas du tout. Et il y a trop d'étudiants dans les amphis, il y en a assis par terre *(on the floor)*. Alors, il faut vraiment être motivé… Ce qui est dur, c'est qu'il y a que 2 examens dans l'année, en janvier et en juin. Si vous ne réussissez pas en juin, vous devez repasser l'examen en septembre et si là encore vous ne réussissez pas, eh ben, vous devez redoubler toute l'année!»

Reem, 11 ans

«Moi, je suis en cinquième. J'aime bien le collège. C'est un grand changement comparé à l'école primaire parce qu'on a plusieurs profs (un par matière) et l'emploi du temps est plus varié, chaque jour de la semaine est différent. Mais moi, je préfère ça. Et puis, j'apprends l'anglais depuis l'année dernière, c'est vachement bien! Quand je serai en quatrième, j'apprendrai l'espagnol. Ça va être cool!»

Raphaël, 17 ans

«Je trouve qu'il y a pas beaucoup de différences entre le collège et le lycée. C'est la même organisation, mais c'est un peu plus difficile. Moi, l'année prochaine, je passe le bac… ça me fait un peu peur, il y a tellement de matières à apprendre! Et puis après, il y a la fac… En France, on choisit très tôt ce qu'on va étudier à la fac, dès la seconde, parfois même avant. J'aimerais bien un peu plus de flexibilité dans le système, moi. À 17 ans, je ne suis pas sûr de savoir ce que je veux faire de ma vie!»

Clara, 23 ans

«Moi, je fais un master en anglais. J'ai fait mon année de licence en Angleterre, à Birmingham. C'était génial! Je suis partie avec le programme d'échange Erasmus. Beaucoup d'étudiants voulaient y aller (plus de 20 pour seulement 6 places!), mais j'ai beaucoup bossé (= étudié) et j'ai été sélectionnée! Je conseille à tout le monde de partir en échange.»

---

1. Pour Mehdi, les challenges de la fac sont qu(e) ____.
   a. il y a trop d'étudiants dans les amphis
   b. les profs ne les aident pas du tout
   c. il y a trop d'examens dans l'année

2. Selon Reem, les différences entre l'école primaire et le collège sont qu(e) ____.
   a. il n'y a pas de piscine
   b. il y a plusieurs profs
   c. l'emploi du temps est différent chaque jour

3. Raphaël pense que le système éducatif français ____.
   a. n'est pas assez flexible
   b. demande aux jeunes de choisir trop tôt leur orientation
   c. est le meilleur du monde

4. À Birmingham, Clara a ____.
   a. fait la connaissance d'Erasmus
   b. fait son année de licence
   c. passé une année géniale

5. Pour partir dans un programme d'échange comme Erasmus, il faut ____.
   a. beaucoup bosser
   b. avoir beaucoup d'argent
   c. être sélectionné(e)

B **Bilan de l'année** *(The year in review).* Le petit frère de Mehdi, Krim, et son copain Arthur, repensent à l'année qui va bientôt finir. Complétez leur conversation en utilisant le pronom approprié: **ce qui** ou **ce que**.

KRIM: Cette année est passée vachement vite.

ARTHUR: Ouais! Mais _____ (1) je trouve fou *(crazy)*, c'est que pour une fois, j'ai bien aimé mes cours!

KRIM: C'est vrai qu'on a eu de bons profs cette année. Le prof d'histoire et la prof de chimie sont cools et _____ (2) j'aime le plus chez eux, c'est leur sens de l'humour.

ARTHUR: Moi, _____ (3) m'impressionne chez la prof de chimie, c'est qu'elle a eu de graves problèmes de santé, mais qu'elle a toujours corrigé nos examens à temps et qu'elle avait toujours le sourire. Là, chapeau!

KRIM: Ouais, mais _____ (4) m'énerve, c'est que c'est pas elle qui a reçu le prix *(award)* du meilleur prof de l'année: c'est Martige, le prof d'éco, et lui, je l'aime pas du tout!

ARTHUR: Oui, mais _____ (5) j'apprécie chez Martige, c'est qu'il est honnête et qu'il dit les choses comme elles sont.

KRIM: C'est vrai… Enfin, là, _____ (6) m'intéresse surtout *(above all)*, c'est de savoir quel sujet on va avoir au bac de philo…

Comment parler jeune

C **Petit cours de «jeune».** Aidez Sandra, une étudiante américaine en France à trouver le mot plus jeune, familier, pour les mots et expressions dans la colonne gauche.

1. une voiture _____   **a.** vachement
2. des vêtements _____   **b.** le dico
3. à la mode _____   **c.** nul
4. la nourriture _____   **d.** les fringues
5. l'enfant _____   **e.** la bagnole
6. l'homme _____   **f.** le mec
7. très _____   **g.** le fric
8. stupide / mauvais _____   **h.** tendances
9. l'argent _____   **i.** le gosse
10. le livre _____   **j.** la bouffe
11. le dictionnaire _____   **k.** le bouquin
12. d'accord _____   **l.** d'acc

La mode-tendances

Voir Structure 12.2 Using pronouns for pointing things out *Lequel et les adjectifs démonstratifs ce, cet, cette et ces*

Voir Structure 12.3 Talking about offering and borrowing *L'ordre des pronoms*

D **Chacun son magasin.** Karim et Michel font du lèche-vitrines *(window shopping)* avec leurs copines Carole et Annie. Les jeunes filles s'intéressent aux magasins de mode, tandis que les garçons préfèrent regarder les gadgets électroniques. Complétez leur conversation avec les formes de lequel qui conviennent ou avec les adjectifs démonstratifs appropriés (suivis de -ci ou -là si nécessaire).

Modèle: Annie: Regarde cette chemise!
     Carole: *Laquelle?*
     Annie: *Cette* chemise-*là* aux manches courtes en solde à 38 euros.

Carole: Elle est pas mal. Mais je préfère _____ (1) chemise

_____ (2) en bleu. J'aime bien aussi ce pantalon.

Annie: _____ (3)?

Carole: _____ (4) pantalon _____ (5), le corsaire *(capris)* en

jean. Qu'est-ce que tu en penses, Michel?

Michel: Moi, la mode, ça m'intéresse pas tellement, je préfère l'électronique. Karim, regarde

_____ (6) lecteurs DVD!

Karim: _____ (7)?

Michel: _____ (8) lecteurs _____ (9) dans la vitrine à côté.

Karim: Cool! Les filles, vous pouvez aller dans _____ (10) boutique

_____ (11). Nous allons passer une demi-heure dans

_____ (12) magasin d'électronique. Amusez-vous bien! À tout à l'heure!

E **Parlons chiffons** *(Let's talk clothes)*! Clara et sa copine Raïssa regardent des magazines de mode et font des commentaires sur les vêtements qu'elles voient. Associez les commentaires de Clara avec les réponses de Raïssa.

Clara

1. _____ Qu'est-ce que tu penses de ces chapeaux?

2. _____ Ces chapeaux-là, noirs et blancs.

3. _____ Tu as vu cette belle écharpe?

4. _____ Cette écharpe en solde pour 24 euros.

5. _____ Tu aimes ce pull?

6. _____ Ce pull-là avec le col roulé.

7. _____ Quelle horreur, ces bottes!

8. _____ Ces bottes-là en cuir.

Raïssa

a. Lequel?

b. Lesquelles?

c. Laquelle?

d. Lesquels?

e. Bof, il est trop moulant.

f. Oui, elle est pas mal.

g. Oh, moi je les trouve vachement belles!

h. Je les trouve super moches!

F **Des fringues pour sortir en boîte.** Karim téléphone à Michel pour l'inviter à sortir en boîte. Le problème… Karim n'a rien à se mettre et ils ne sont pas sûrs qu'on les laissera entrer. Complétez leur dialogue en choisissant le(s) pronom(s) approprié(s)

KARIM: Je voudrais bien sortir en boîte avec toi, mais j'ai pas de fringues cool! T'as pas de veste ou de chemise à me prêter?

MICHEL: Attends, je regarde dans mon armoire. Ah, j(e) _____ (1) (y, le, en) vois ma chemise verte disco et ma veste marron. Je _____ (2) (vous les; te les; y en) prête toutes les deux *(both)*, si tu veux.

KARIM: Ah non, mon vieux! Je refuse de porter cette chemise. Elle est moche! La couleur est horrible! T'as pas de chemise d'une autre couleur?

MICHEL: Si, j(e) _____ (en, y, l') (3) ai une blanche. Tu sais, je _____ (y en, y, l') (4) ai mise à la soirée d'anniversaire de Luc. Qu'est-ce que tu _____ (5) (y, en, penses)?

KARIM: Ah oui, je m'en souviens. Oui, elle est pas mal. Je peux _____ (vous les, te l', m'en) (6) emprunter *(to borrow)*?

MICHEL: Oui, je _____ (me le, la te, te la) (7) prête à condition que tu me passes ton nouveau CD d'Adele.

KARIM: Impossible! Tu connais Manuel? Je _____ (8) (me l', la lui, le lui) ai déjà prêté. Mais quand il _____ (9) (me le, le lui, le me) rend, je _____ (10) (le lui, te le, y en) passe. Ça te va?

MICHEL: D'accord, ça me va.

Comment faire des achats

Voir Structure 12.4 Talking about paying for things *Les verbes comme payer*

G **La nouvelle génération de consommateurs.** Tatiana explique à sa grand-mère (Mamie) comment, maintenant, avec Internet, les choses ont changé. Complétez leur conversation en utilisant la forme correcte des verbes entre parenthèses.

TATIANA: Maintenant, on n'a plus besoin d'aller dans un magasin pour s'acheter des fringues! On les achète sur Internet!

MAMIE: Mais comment est-ce que tu _____ (1. payer)?

TATIANA: Avec ma carte bancaire!

MAMIE: Tu as une carte bancaire? À ton âge!? Et comment est-ce que tu as les vêtements?

TATIANA: Eh bien, le magasin en ligne me les _____ (2. envoyer) par la poste! Toutes mes copines _____ (3. employer) le même système.

MAMIE: Alors, si je comprends bien, vous les jeunes, vous _____ (4. ne pas essayer) vos vêtements avant de les acheter.

TATIANA: Non, nous les _____ (5. essayer) chez nous, dans notre chambre.

MAMIE: Je vois…. Ma chérie, je _____ (6. ne pas s'ennuyer) avec toi, mais je dois faire mon ménage maintenant.

TATIANA: Je peux t'aider?

MAMIE: Mmm, d'accord, _____ (7. nettoyer [impératif]) la table de la cuisine, s'il te plaît.

H **Le blouson en cuir (leather).** Tatiana veut s'acheter un des super beaux blousons en cuir qu'elle a vus dans une boutique. Complétez son dialogue avec la vendeuse en utilisant les mots de la liste suivante. Attention, il y a deux mots qui ne peuvent pas être utilisés.

affaire	cabine d'essayage	cher	cherche	confortable	couleur
coûte	essayer	je fais du	je peux	moulant	pointure
solde	taille				

VENDEUSE: Bonjour. _____ (1) vous aider?

TATIANA: Oui. Je _____ (2) un blouson en cuir.

VENDEUSE: Quelle _____ (3) faites-vous?

TATIANA: _____ (4) 40, mais j'aimerais qu'il soit bien large, c'est plus _____ (5).

VENDEUSE: J'ai ce qu'il vous faut! Regardez ce modèle en marron! La _____ (6) est superbe!

TATIANA: Hum… Oui, vraiment, il est très joli. Je peux l' _____ (7)?

VENDEUSE: Mais bien sûr! Voilà la _____ (8).

TATIANA: Attendez… *(Elle regarde l'étiquette [tag].)* Il _____ (9) 359 euros?!

VENDEUSE: Non! Non! Non! Il est en _____ (10) aujourd'hui à 280 euros. C'est une très bonne _____ (11)!

TATIANA: Sans aucun doute, mais de toute façon, c'est beaucoup trop _____ (12) pour moi! Merci quand même!

Comment faire et accepter des compliments

I **À la française!** Entraînez-vous à *(Practice)* faire et accepter des compliments comme les Français le font. Suivez le modèle et utilisez le vocabulaire et les expressions à la page 371 de votre manuel. Variez les expressions!

Modèles: Pour faire un compliment (veste)

J'adore ta nouvelle veste! Elle te va super bien!

Pour l'accepter

Ah, tu trouves? Elle est pas un peu trop grande pour moi?

1. Pour faire un compliment (blouson en cuir)

_____

Pour l'accepter

_____

2. Pour faire un compliment (chaussures Nike)

_____

Pour l'accepter

_____

3. Pour faire un compliment (bagnole)

_____

Pour l'accepter

_____

Synthèse: Parlons jeune!

Remplacez les mots formels soulignés par des mots et expressions familiers. Puis pratiquez cette conversation avec un(e) étudiant(e) dans la classe. (Voir la page 364 pour des expressions «jeunes».)

A: Regarde cet homme. Tu le connais?

B: L'homme _____ (1) avec la jeune fille _____ (2) en mini-jupe?

A: Non. Je le connais pas. Mais j'aime ses vêtements _____ (3). Il a l'air bien _____ (4).

B: Oui _____ (5). Tu as _____ (6) raison. Dis, demain tu veux faire du shopping?

A: D'accord _____ (7). Mais moi, j'ai pas beaucoup d'argent _____ (8) maintenant.

B: On peut aller dans les magasins vintage. Tu dois acheter des nouvelles baskets. Tes baskets sont moches! _____ (9).

🌐 Perspectives culturelles

A Relisez le texte **Témoignages d'étudiants** à la page 361 de votre manuel et indiquez si les phrases suivantes sont vraies ou fausses.

1. _____ Selon Charlotte, l'école de médecine est très compétitive. En première année, un quart des étudiants ne réussissent pas.

2. _____ Selon Manon, la prépa (l'école préparatoire) pour les Grandes écoles est stressante mais les cours sont plus intéressants qu'au lycée.

3. _____ Selon Samuel, l'IUT est trop théorique.

B Relisez **Les jeunes et le travail** à la page 373 de votre manuel et choisiddez la bonne réponse.

1. C'est _____ pour les lycéens français de trouver un job pendant qu'ils étudient.

   a. assez rare   b. assez commun   c. un rite de passage

2. Les étudiants paient à peu près _____ euros par an pour leurs études à l'université.

   a. 1 000 euros   b. 2 500   c. 300

3. Les droits d'inscription (tuition) à la fac _____ la sécurite sociale.

   a. comprennent (include)   b. ne comprennent pas

4. Les étudiants à la fac habitent _____ chez leurs parents.

   a. peu souvent   b. assez souvent   c. rarement

C **Voix en direct:** La vie sociale au lycée

Relisez le témoignage de Célia à la page 362 de votre manuel et répondez aux questions suivantes.

1. Célia donne une description détaillée des groupes dans son lycée. Quels sont les trois groupes principaux qu'elle décrit?

   _____

   _____

   _____

2. Est-ce qu'elle croit que la pression sociale (social pressure) est aussi dure dans les lycées français que dans les *high schools* américains? Expliquez.

   _____

   _____

   _____

3. Comment est-ce que la réponse de Célia montre que les jeunes Français ont accès (have access) à la culture populaire américaine?

   _____

   _____

   _____

La santé et le bonheur

Module 13

For more self-correcting quizzes and cultural activities, go to **www.cengagebrain.com.**

Les parties du corps

A **Un médecin à l'école.** Gérard Dusoin est docteur et professeur de médecine à la faculté de Montpellier. Parfois, il visite des écoles primaires locales pour donner de petites leçons d'anatomie aux élèves. Aidez les élèves à identifier les différentes parties du corps.

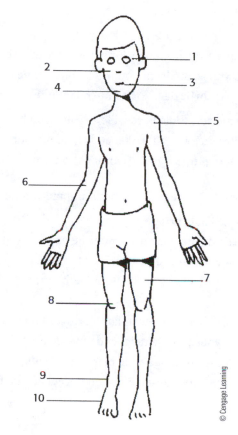

© Cengage Learning

1. _____

2. _____

3. _____

4. _____

5. _____

6. _____

7. _____

8. _____

9. _____

10. _____

Les maladies et les remèdes

B À la pharmacie. Le pharmacien ne peut pas remplacer le médecin, mais il peut donner des conseils. Les personnes suivantes viennent demander conseil au pharmacien. Choisissez la réponse la plus logique.

_____ 1. Madame Lenez: Je me suis enrhumée en me promenant sous la pluie!

   a. Je vous conseille de mettre un pansement sur votre nez et de ne pas regarder la télévision.

   b. Je vous conseille de vous reposer et de beaucoup boire.

   c. Je vous conseille d'aller voir le dentiste.

_____ 2. Monsieur Sagesse: J'ai une dent *(tooth)* qui me fait mal.

   a. Je vous conseille d'aller voir votre médecin et de prendre des vitamines.

   b. Je vous conseille de vous reposer et de boire beaucoup d'eau.

   c. Je vous conseille d'aller voir le dentiste.

_____ 3. Madame Glotte: Je crois que j'ai une infection à la gorge.

   a. Je vous conseille de mettre un pansement sur votre gorge et de boire beaucoup de jus de citron.

   b. Je vous conseille d'aller voir le médecin pour qu'il vous donne des antibiotiques.

   c. Je vous conseille de ne pas sortir de la maison pendant une semaine et de ne parler à personne.

_____ 4. Mademoiselle Entorse: Je me suis foulé la cheville en jouant au basket.

   a. Je vous conseille d'arrêter de jouer au basket et de faire du foot à la place.

   b. Je vous conseille de mettre une bande (bandage) autour de la cheville et de marcher avec des béquilles.

   c. Je vous conseille une opération de la jambe pour amputer immédiatement!

_____ 5. Monsieur Alitté: Je crois que j'ai la grippe.

   a. Je vous conseille de sortir de ma pharmacie pour ne pas me contaminer!

   b. Je vous conseille de bien vous laver et d'arrêter de tousser.

   c. Je vous conseille de rester chez vous, de boire beaucoup d'eau et de vous laver les mains régulièrement.

_____ 6. Madame Poucet: Je me suis coupé le doigt en faisant du jardinage.

   a. Je vous conseille de bien vous laver le doigt et de mettre un pansement.

   b. Je vous conseille d'arrêter le jardinage et de marcher avec des béquilles.

   c. Je vous mets un plâtre et je vous conseille de boire beaucoup de thé vert.

Voir Structure 13.1 Talking about health and feelings *Expressions idiomatiques avec* **avoir** *(récapitulation)*

C La visite d'un hypocondriaque. Aujourd'hui, le docteur Gérard Dusoin a la visite de M. Plaignant, un patient qui se plaint de tous les maux *(complains about every ailment)* et demande conseil pour tout. Complétez la conversation entre Mr. Plaignant et le docteur en utilisant les expressions de la liste et en conjuguant les verbes à la forme qui convient. Suivez le modèle. Il y a deux expressions qui ne peuvent pas être utilisées.

Modèle: M. PLAIGNANT: Docteur, je voudrais prendre de l'aspirine.
LE DOCTEUR: Pourquoi, M. Plaignant, est-ce que vous *avez mal à la tête*?

avoir raison	**ne pas avoir sommeil**	**avoir froid**
avoir mal	**avoir mal à la tête**	**avoir peur**
avoir du mal à	**avoir de la chance**	**avoir envie de**

M. PLAIGNANT: Docteur, parfois le soir, je _____ (1)

alors je voudrais prendre des somnifères *(sleeping pills)*.

LE DOCTEUR: Oui, si vous voulez, mais il ne faut pas trop en prendre. Ces

médicaments sont très forts, et quand mes patients en prennent trop, ils

_____ (2) se concentrer au travail.

M. PLAIGNANT: Ah, alors je devrais *(should)* peut-être prendre des vitamines? Ma femme dit que

je devrais en prendre, mais je ne suis pas sûr… Est-ce que vous pensez qu'elle

_____ (3), docteur?

LE DOCTEUR: Eh bien, ce n'est pas une mauvaise idée.

M. PLAIGNANT: Docteur, j'ai une autre question. Parfois,

j' _____ (4) au côté droit,

j' _____ (5) que ce soit l'appendicite.

Est-ce que vous pouvez m'ausculter *(examine)*?

LE DOCTEUR: *(après son auscultation)* Vous n'avez pas l'appendicite, M Plaignant.

M. PLAIGNANT: Excellent, j' _____ (6)! Maintenant,

j'_____ (7) manger une bonne

pâtisserie pour fêter la bonne nouvelle, mais c'est peut-être pas une bonne idée de manger

après une auscultation?

LE DOCTEUR: M. Plaignant, ne vous inquiétez pas, allez manger votre pâtisserie et profitez de la vie!

Comment parler au médecin

Voir Structure 13.2 Saying when and how long *L'emploi de* **depuis**

D **Tatie Jeanne.** La tante de Gérard Dusoin est en très bonne santé pour son âge. Elle a 66 ans, et elle est très active et sportive. C'est pourquoi ses symptômes récents de rhume surprennent Gérard! Elle vient dans son cabinet pour lui demander conseil et il essaie de l'aider. Complétez leur conversation en utilisant **depuis**, **depuis que** et **depuis quand**.

GÉRARD: _____ (1) as-tu les oreilles bouchées?

TATIE JEANNE: Je n'entends pas bien _____ (2) notre descente de la station de ski il y a deux jours.

GÉRARD: As-tu toujours de l'appétit?

TATIE JEANNE: Non. _____ (3) j'ai mangé des escargots au restaurant hier soir, je n'ai plus envie de manger.

GÉRARD: Et _____ (4) est-ce que tu as du mal à avaler?

TATIE JEANNE: J'ai mal à la gorge _____ (5) deux jours.

GÉRARD: Et _____ (6) as-tu le nez qui coule?

TATIE JEANNE: Ah, il coule _____ (7) j'ai fait de la luge (*sledding*) avec mes petits-enfants.

GÉRARD: Mais _____ (8) fais-tu de la luge, Tatie?

TATIE JEANNE: _____ (9) mes petits-enfants ont commencé à en faire! Ils m'ont invitée et je ne pouvais pas les décevoir (*to disappoint*)!

GÉRARD: Tatie, ton problème est que tu es trop gentille! Interdiction de refaire de la luge, c'est compris?

E **Comment ça va depuis?** Comment vont Pamela et ses amis? Complétez les phrases suivantes en conjuguant le verbe entre parenthèses au temps approprié (**présent** ou **passé composé**) et en choisissant **depuis** ou **depuis que**.

1. (**Depuis / Depuis que**) son arrivée en France, Pamela _____ (faire) des progrès en français.

2. Pauline _____ (ne pas voir) Pierre (**depuis / depuis que**) le Nouvel An.

3. Janelle _____ (être) constamment fatiguée (**depuis / depuis que / depuis qu'**) elle prépare ses examens.

4. Jennifer et Kylie _____ (ne pas se téléphoner) (**depuis / depuis que**) Kylie est partie faire ses études en France.

5. Momo _____ (faire) une dépression (**depuis / depuis que**) sa copine l'a quitté.

F **Questions personnelles.** Répondez aux questions suivantes.

1. Depuis quand est-ce que vous faites du français?

_____

_____

2. Qu'est-ce que vous faites pour être en forme? Est-ce que vous faites du sport? Est-ce que vous surveillez *(watch)* votre alimentation?

_____

_____

3. De quoi avez-vous peur dans la vie en général? De quelle maladie avez-vous le plus peur?

_____

_____

Pour se sentir bien dans sa peau

Voir Structure 13.3 Making descriptions more vivid *Les adverbes*

G **Conseils à un jeune médecin.** À l'hôpital, Gérard parle avec Patrick, un jeune médecin qui vient de recevoir son diplôme. Patrick a besoin des conseils d'un médecin expérimenté *(experienced)* comme Gérard. Complétez la conversation avec les adverbes correspondant aux adjectifs donnés entre parenthèses.

PATRICK: Je suis crevé *(exhausted)*. Je travaille depuis 20 heures. J'ai quatre patients qui sont

_____ (1. grave) malades, deux _____ (2. heureux)

qui répondent bien à leurs traitements, et deux autres qui m'attendent _____

(3. patient) dans mon cabinet. Je pourrais _____ (4. facile) continuer à

travailler encore 10 heures de plus, mais je n'en peux plus. Et il y a _____

(5. constant) de nouveaux patients qui arrivent…

GÉRARD: Ce que tu dis, c'est tout à fait vrai. _____ (6. Franc) c'est la réalité dans tous

les hôpitaux. Mais tu ne dois pas t'épuiser *(to wear yourself out)*. _____

(7. Naturel), il y a beaucoup de travail ici, mais il faut _____ (8. absolu) que

tu te reposes et que tu passes _____ (9. régulier) du temps avec ta famille.

Moi et les autres médecins, nous t'aiderons à t'occuper de *(take care of)* tes patients. Finis avec tes

deux patients et rentre chez toi. Tu te sentiras mieux après avoir dormi un peu.

Comment donner des conseils

Voir Structure 13.4 Giving advice *Le subjonctif (introduction)*

H **Au secours!** *(Help!)* Gérard doit donner un cours aux standardistes *(operators)* qui reçoivent les appels d'urgence de la ville. Il leur donne un scénario d'urgence dans lequel la mère de deux enfants a été blessée. Imaginez les conseils que les étudiants proposent de donner à la petite fille qui téléphone. Utilisez la forme correcte du verbe au subjonctif.

FILLE: Allô? J'ai peur! J'ai peur!

STANDARDISTE: Il ne faut pas que tu _____ (1. avoir) peur.

FILLE: Ma maman ne bouge plus *(isn't moving any more)*!

STANDARDISTE: Où est-elle? Il faut que tu me _____ (2. dire) où elle se trouve.

FILLE: Elle est par terre *(on the floor)*, à côté de mon petit frère!

STANDARDISTE: Est-ce qu'elle a perdu connaissance? Il faut que ton petit frère lui

_____ (3. parler).

FILLE: Elle ne répond pas. Elle a les yeux fermés!

STANDARDISTE: Est-ce qu'elle saigne *(is bleeding)* quelque part? Il faut que tu _____

(4. regarder).

FILLE: Oui, elle saigne un peu à la tête!

STANDARDISTE: Bon. Les secouristes *(paramedics)* vont bientôt arriver. Il est important qu'ils

_____ (5. pouvoir) entrer immédiatement. Je veux que tu

_____ (6. aller) ouvrir la porte.

FILLE: Quelqu'un arrive!

STANDARDISTE: Ce sont les secouristes? Il faut que toi et ton petit frère, vous les

_____ (7. laisser) entrer.

I **Les recommandations du médecin.** Un médecin fait des recommandations. Sélectionnez le conseil équivalent qui évite le subjonctif.

_____ 1. Il faut que vous arrêtiez de fumer.

    a. Il est essentiel de ne pas fumer.

    b. Il est essentiel que vous ne fumiez pas.

    c. Il est important de fumer.

_____ 2. Je voudrais que vous buviez huit verres d'eau par jour.

    a. Je préfère que vous buviez huit verres d'eau par jour.

    b. Il vaut mieux boire huit verres d'eau par jour.

    c. Il est important de ne pas boire beaucoup d'eau.

_____ 3. Il faut absolument que vous sortiez de la maison tous les jours pour vous promener.

    a. Essayez de ne pas sortir; reposez-vous.

    b. Je veux que vous sortiez de la maison tous les jours pour vous promener.

    c. Vous devez absolument sortir de la maison pour vous promener tous les jours.

_____ 4. Il ne faut plus que vous buviez d'alcool.

    a. Je vous dis d'arrêter complètement de boire de l'alcool.

    b. Je vous conseille de boire de l'alcool avec modération.

    c. Il est très important que vous arrêtiez de boire de l'alcool.

_____ 5. Pour réduire le niveau de cholestérol, il est essentiel que vous ne mangiez pas trop de matières grasses.

    a. Je vous conseille de diminuer fortement la quantité de matières grasses que vous mangez.

    b. Je vous suggère de manger moins de sucre.

    c. Je voudrais que vous mangiez moins de matières grasses.

J **Un accident de vélo!** David, un jeune garçon de 11 ans, s'est cassé le bras en faisant du vélo. Il est dans le cabinet de Gérard. Complétez les recommandations du médecin en choisissant entre le subjonctif et l'infinitif.

1. Il faut absolument que tu _____ (sois / être) plus prudent.

2. Je te conseille de _____ (fasses / faire) plus attention quand tu joues avec tes copains.

3. Il est nécessaire que toi et tes copains _____ (portiez / porter) un casque *(helmet)* quand vous faites du vélo.

4. Il est essentiel que tu _____ (réfléchisses / réfléchir) avant d'agir.

5. Ne t'inquiète pas. Le bras va guérir *(heal)* mais tu dois _____ (fasses / faire) attention en attendant *(in the meantime)*.

6. Il faut _____ (attendes / attendre) quelques semaines avant de reprendre des activités normales.

Synthèse: Mon bonheur personnel

De quoi avez-vous besoin pour être heureux (heureuse)? Pour commencer votre composition, notez trois cho-ses essentielles qui contribuent à votre bonheur. Ensuite, écrivez 2 ou 3 phrases pour décrire chaque élément de votre formule du bonheur. Enfin, inventez une devise *(motto)* personnelle en utilisant trois verbes. Suivez le modèle.

Vocabulaire utile:	avoir besoin de	surtout
	il faut + *infinitif*	il vaut mieux + *infinitif*
	il est nécessaire de (que)	il est important de (que)
	il est essentiel de (que)	

Modèle: *Pour être heureux (heureuse), j'ai besoin d'un travail intéressant, de bons amis et de temps libre. D'abord, il faut que j'aie un travail intéressant. Il est essentiel que mon travail présente constamment des défis (challenges). C'est plus important qu'un gros salaire pour moi. Ensuite, il est nécessaire que j'aie de bons amis et que je sois un(e) bon(ne) ami(e). À mon avis, il est important de prendre le temps de parler avec ses amis tous les jours. Et finalement, il est important que j'aie du temps libre pour faire ce que je veux. Pour me sentir bien dans ma peau, il est essentiel que je fasse du sport tous les jours. J'ai aussi besoin de partir en vacances de temps en temps. J'adore passer mes vacances à la plage et au ski avec de bons amis. Ma philosophie? Apprendre, communiquer et explorer.*

_____

_____

_____

_____

_____

_____

_____

_____

_____

_____

_____

_____

_____

_____

🌐 Perspectives culturelles

A Relisez **Le rôle du gouvernement dans la santé** à la page 395 de votre manuel et dites si les phrases suivantes sont vraies ou fausses.

_____ 1. Les Français en moyenne vivent _____ longtemps que les Américains.
   a. plus
   b. moins

_____ 2. Les Français rendent _____ visite à leur médecin.
   a. souvent
   b. rarement

_____ 3. Le système de sécurité sociale n'a pas de difficultés financières.
   a. vrai
   b. faux

_____ 4. Le gouvernement français encourage _____.
   a. l'obésité
   b. l'usage des médicaments génériques
   c. le «binge drinking»

_____ 5. L'âge légal pour la vente d'alcool en France est _____.
   a. 16 ans
   b. 18 ans

B **Voix en direct: Pour vous, c'est quoi le bonheur?**
Relisez les témoignages de Gwenaëlle, Delphin et Laurence à la page 399 et répondez aux questions suivantes.

1. Selon Gwenaëlle, qu'est-ce qui contribue à son bonheur? Est-ce que c'est pareil *(the same)* pour vous? Faites votre liste des choses qui vous apportent du bonheur.

_____

_____

_____

_____

_____

2. Votre philosophie du bonheur ressemble le plus à celle de Gwenaëlle ou à celle de Delphin? Expliquez.

_____

_____

_____

_____

_____

3. Quel lien est-ce que Laurence fait entre la nourriture et la forme? Pour vous, est-ce que c'est important de bien manger pour être en forme et être heureux (heureuse)? Expliquez.

_____

_____

_____

_____

_____

_____

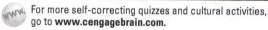

For more self-correcting quizzes and cultural activities, go to **www.cengagebrain.com**.

La vie sentimentale

L'amour

Voir Structure 14.1 Talking about relationships *Les verbes pronominaux (suite)*

A **Un vrai conte de fée.** *Cendrillon (Cinderella)* est l'une des histoires d'amour les plus connues. Racontez cette histoire au présent en utilisant les verbes de la liste.

s'amuser	s'entendre
se décider	se marier
s'ennuyer	se fâcher

Après la mort de sa femme, le père de Cendrillon _____ (1) à se remarier.

Mais sa nouvelle femme _____ (2) toujours contre Cendrillon et ses deux filles ne

_____ (3) pas avec elle. Elles _____ (4) pendant que Cendrillon

travaille.

s'en aller	se regarder
s'occuper	se rendre compte
se parler	

Au palais, le roi organise un bal et invite toutes les jeunes filles du royaume. Cendrillon y va, mais elle doit

revenir à minuit. Au bal, le jeune prince et Cendrillon _____ (5): c'est le coup de

foudre. Le prince l'invite à danser mais ils n'ont pas le temps de _____ (6). À minuit,

Cendrillon _____ (7) qu'il faut partir et elle _____ (8) en

courant. Dans l'escalier elle perd une pantoufle que le prince retrouve.

se marier	se retrouver

Le prince cherche la jeune fille partout dans son royaume. Finalement, ils _____ (9),

_____ (10) et ils sont heureux.

B **Le début d'une histoire.** Un concours de scénaristes a été organisé pour un téléfilm et vous faites partie du jury. Le thème est une histoire d'amour entre un homme, Pablo, et une femme, Natacha. L'histoire que vous lisez est intéressante mais il y a beaucoup de fautes d'accord. Corrigez les fautes en choisissant une des options données. – signifie qu'il n'y a pas d'accord à faire.

Pablo et Natacha se sont rencontré _____ (1. s; –) à une soirée organisée par un ami commun au printemps. Ils

se sont parlé _____ (2. s; –) un peu, mais ça n'a pas été le coup de foudre. Pablo pensait que Natacha était très

belle, mais un peu trop timide. Natacha trouvait que Pablo avait un trop grand nez mais qu'il était sympa. Ils

se sont rendu compte qu'ils étaient amoureux l'un de l'autre quand ils se sont vu _____ (3. s; –) une deuxième

fois par hasard dans un magasin. Elle a trouvé _____ (4. e; –) qu'il avait beaucoup de charme, et lui, il a pensé que

vraiment, elle était très belle. Ils sont allé _____ (5. s; –) prendre un café ensemble; ils ont discuté _____ (6. s; –)

pendant 2 heures, ils se sont dit _____ (7. s; –) des choses agréables, en fait, ils se sont beaucoup amusé _____

(8. s; –) à parler, tout simplement. Puis, ils se sont promené _____ (9. s; –) dans un parc et le soir ils ont mangé

_____ (10. s; –) chez elle. Ils ne se sont plus jamais quitté _____ (11. s; –).

Valeurs et espoirs

Voir Structure 14.2 Making comparisons without repeating nouns *Les pronoms démonstratifs: **celui**, **celle(s)**, **ceux***

C **Que choisir?** Lisez les remarques suivantes et complétez les phrases en choisissant le pronom démonstratif approprié.

1. Il y a beaucoup de valeurs essentielles dans la vie, mais _____ (ceux / celles) que les Français
   placent en premier sont la famille et l'amitié.

2. Les jeunes ont le désir de réussir leur carrière professionnelle mais aussi _____ (celui / celle) de
   réussir leur vie sentimentale.

3. Aux États-Unis et dans beaucoup de pays industrialisés, le thème de la santé devient aussi important que
   _____ (celui / ceux) de l'éducation.

4. Certaines personnes pensent que la beauté intérieure est beaucoup plus importante que _____
   (celle / celles) du corps.

5. Parmi *(Among)* toutes les associations et organisations, les associations caritatives sont _____
   (ceux / celles) qui souffrent le plus en temps de crise économique.

6. Les gens les plus heureux sont _____ (ceux / celles) qui se satisfont de petites choses.

D **Questions personnelles.** Répondez aux questions suivantes avec des phrases complètes.

1. Comment imaginez-vous le (la) partenaire idéal(e)? Généreux (Généreuse)? romantique? Expliquez.

   _____

   _____

   _____

   _____

2. À votre avis, est-ce que l'union libre ou le mariage à l'essai est une bonne idée pour les jeunes couples? Pourquoi ou pourquoi pas?

   _____

   _____

   _____

   _____

3. Vous pensez qu'il est important d'avoir des activités humanitaires ou de faire du travail bénévole? Êtes-vous engagé(e) dans une cause humanitaire? Expliquez.

   _____

   _____

   _____

   _____

4. Est-ce que vous pensez avoir les mêmes valeurs que vos parents?

   _____

   _____

   _____

   _____

C'est ça, l'amitié!

Voir Structure 14.3 Expressing hypotheses *Le conditionnel*

E **Restons polis!** Pour chacune des phrases suivantes, choisissez une version équivalente plus polie, au conditionnel.

_____ 1. Tu peux me prêter ta voiture?

    a. Tu pourrais me prêter ta voiture?

    b. Tu pourras me prêter ta voiture?

    c. Tu pouvais me prêter ta voiture.

_____ 2. Mes parents veulent me téléphoner tous les jours.

    a. Je voudrais téléphoner à mes parents tous les jours.

    b. Mes parents voudraient me téléphoner tous les jours.

    c. Mes parents voulaient me téléphoner tous les jours.

_____ 3. Tu sais où se trouve mon MP3?

    a. Tu savais où se trouvait mon MP3?

    b. Tu saurais où se trouve mon MP3?

    c. Tu devrais trouver mon MP3.

_____ 4. Nous préférons donner notre temps plutôt que *(rather than)* notre argent.

    a. Nous préférions donner notre temps plutôt que notre argent.

    b. Nous préférerons donner notre temps plutôt que notre argent.

    c. Nous préférerions donner notre temps plutôt que notre argent.

_____ 5. Vous venez avec moi au supermarché?

    a. Vous viendriez avec moi au supermarché?

    b. Vous viendrez avec moi au supermarché?

    c. Vous veniez avec moi au supermarché?

F **Avec des «si»…** La vie serait très différente si on pouvait faire ce qu'on voulait! Complétez les phrases suivantes en conjuguant les verbes entre parenthèses au conditionnel.

1. Les étudiants de français _____ (voyager) en France ou dans d'autres pays franco-phones s'ils avaient plus d'argent.

2. Si le gouvernement dépensait plus d'argent pour l'éducation et la santé, la société en général _____ (être) plus heureuse et moins violente.

3. Tu _____ (aller) parler au président si tu étais moins timide.

4. Si nous avions le temps, nous _____ (faire) du travail bénévole.

5. Vous _____ (venir) à la conférence si vous pouviez.

G **La baguette *(wand)* magique.** Avant de rencontrer Natacha, Pablo se demandait souvent s'il allait un jour trouver l'âme sœur *(soul mate)*. Voici les monologues qu'il avait régulièrement les soirs de doute. Conjuguez les verbes donnés au **conditionnel.**

J' _____ (1. aimer) tellement rencontrer une fille belle, sympa et intelligente!

Elle _____ (2. devoir) être sportive et avoir un bon sens de l'humour aussi, sinon

nous _____ (3. ne pas s'entendre). Ensemble, nous _____

(4. faire) plein de choses et nous _____ (5. avoir) pleins d'aventures. Nous

_____ (6. aller) partout dans le monde pour découvrir des pays

nouveaux. Je _____ (7. savoir) comment la faire rire *(to make her laugh)*

et elle _____ (8. être) toujours bien avec moi… Aaaah, mais je rêve… je

_____ (9. devoir) plutôt me concentrer sur mes études…

Comment dire qu'on est d'accord ou qu'on n'est pas d'accord

H **Visions de la vie.** Dans le scénario gagnant, Pablo et Natacha prennent un appartement ensemble. Ils parlent de leur avenir et expriment leurs opinions sur certains sujets importants de la vie. Utilisez les expressions des deux listes suivantes et imaginez leurs opinions. Parfois ils sont d'accord, parfois ils ne sont pas d'accord.

Expressions positives: ah ça, oui; c'est vrai ça; absolument; tout à fait; je suis tout à fait d'accord; c'est bien possible; ça se peut

Expressions négatives: je ne suis pas d'accord; mais ce n'est pas vrai; absolument pas; tu as tort

Modèle: PABLO: *Je pense qu'une femme doit rester à la maison pour élever ses enfants. Les enfants d'aujourd'hui sont mal élevés et ont toutes sortes de problèmes parce que leur mère travaille et ne s'occupe pas assez d'eux.*

NATACHA: *Je ne suis pas d'accord! Une femme peut à la fois être une bonne mère et travailler. Souvent, le mari n'aide pas assez à la maison. Si les enfants ont des problèmes, c'est parce que le père n'est pas assez présent!*

1. NATACHA: Hier au supermarché, j'ai vu une femme donner une claque *(slap)* à son enfant de 5 ans. Ça m'a choquée! Je suis contre le châtiment corporel. Et je ne frapperai *(hit)* jamais nos enfants.

PABLO: _____

_____ .

2. PABLO: Il y a des états qui sont pour la légalisation du mariage entre homosexuels et d'autres qui sont contre. Moi personnellement, je suis contre: le mariage est seulement entre un homme et une femme.

NATACHA: _____

_____ .

3. NATACHA: Je trouve ça triste de mettre ses parents dans une maison de retraite. Moi, quand mes parents seront trop vieux pour être autonomes, je voudrais qu'ils viennent vivre avec nous dans notre maison.

PABLO: _____

_____ .

Comment exprimer ses sentiments

Voir Structure 14.4 Expressing emotions *Le subjonctif (suite)*

I **Un peu, beaucoup, passionnément, pas du tout.** Natacha répond aux questions d'un test sur l'amour et l'amitié dans un magazine. Choisissez une réponse logique qui est grammaticalement correcte dans l'emploi du **subjonctif** ou de **l'indicatif**, selon le cas.

1. Quand vous êtes amoureux (amoureuse), vous voulez que votre chéri(e) _____ .
   a. soit toujours près de vous
   b. ne vous appelle pas
   c. vous demande de l'argent

2. Pour vous, il est impensable *(unthinkable)* qu'un(e) ami(e) _____ .
   a. soit gentil(le) avec vous
   b. vous dise des choses méchantes et négatives
   c. vous dit des choses méchantes et négatives

3. Vous croyez que le coup de foudre _____ .
   a. est possible
   b. soit possible
   c. ne soit pas possible

4. Vous ne pensez pas que votre copain (copine) _____ .
   a. est vraiment heureux (heureuse) avec vous
   b. est prêt(e) pour le mariage ou la vie à deux
   c. soit prêt(e) pour le mariage ou la vie à deux

5. Vous et votre copain (copine) avez des problèmes de communication. Il est possible que _____ .
   a. vous deviez aller voir un conseiller conjugal *(marriage counselor)*
   b. vous devez aller voir un conseiller conjugal
   c. vous êtes à la fin de votre histoire d'amour

6. L'amitié entre une femme et un homme, vous pensez que _____ .
   a. ce ne soit pas possible
   b. ce soit possible
   c. c'est possible

7. Vous êtes étonné(e) que _____ .
   a. votre meilleur(e) ami(e) ne veuille plus vous voir depuis que vous sortez avec votre copain (copine)
   b. votre meilleur(e) ami(e) n'est pas heureux (heureuse) de votre bonheur
   c. votre meilleur(e) ami(e) ne veut plus vous voir depuis que vous sortez avec votre copain (copine)

J **Une discussion entre filles.** Voici un autre passage du scénario gagnant. Natacha parle de ses peurs et de ses doutes avec sa meilleure amie, Aurore: elle n'est plus sûre de vouloir faire sa vie avec Pablo. Complétez leur conversation avec le présent du subjonctif ou le présent de l'indicatif des verbes donnés.

AURORE: Ça n'a pas l'air d'aller…

NATACHA: Eh bien, j'ai des doutes, et parfois je ne crois pas que Pablo _____ (1. être) vraiment l'homme de ma vie…

AURORE: Pourquoi est-ce que tu dis ça? Qu'est-ce qui s'est passé?

NATACHA: Eh bien, il a des propos (comments) qui me choquent un peu. J'ai peur qu'il _____ (2. avoir) des idées trop conservatrices pour moi.

AURORE: Il est évident que toi et lui _____ (3. venir) de milieux différents et que vous _____ (4. ne pas partager) exactement les mêmes valeurs. Mais je ne pense pas que cela _____ (5. être) un facteur déterminant dans une relation. Quand deux personnes s'aiment profondément, elles _____ (6. savoir) toujours surmonter les obstacles.

NATACHA: Oui, mais c'est le problème, parfois je ne sais vraiment plus!

AURORE: Je suis un peu surprise que tu _____ (7. dire) ça… Attends un peu, réfléchis, et il est possible que tu _____ (8. changer) d'avis (change your mind) dans une semaine ou deux.

NATACHA: Tu as sûrement raison… Je suis si heureuse que nous _____ (9. pouvoir) nous parler ouvertement comme ça. Merci de tes conseils, Aurore.

AURORE: Je t'en prie. Tu dois avoir soif. Est-ce que tu voudrais que je te _____ (10. faire) un thé ou un café?

NATACHA: Un thé, avec plaisir!

Synthèse: Le courrier du cœur

Natacha a attendu quelques semaines après sa discussion avec son amie Aurore, mais elle a toujours des doutes concernant sa relation avec Pablo. Elle se sent seule et incomprise, alors elle demande des conseils au courrier du cœur. Lisez sa lettre et répondez-y en deux paragraphes. Choisissez parmi les expressions suivantes: **il est évident, il est excellent, il n'est pas juste, je ne crois pas, il faut que, il vaut mieux.**

> Avant de rencontrer mon fiancé, je voyageais beaucoup pour mon boulot (je travaille pour un guide de voyages). Un an au Canada, six mois à la Martinique… Dans ces conditions, il est difficile de rester longtemps avec le même homme. Mais l'année dernière, j'ai enfin rencontré quelqu'un pour qui j'ai accepté d'arrêter mes voyages et de modifier ma carrière: je travaille toujours pour la même compagnie mais maintenant, je reste dans les bureaux. Ma vie a beaucoup changé depuis et je ne sais pas si j'aime ce changement. J'ai parfois besoin d'être seule, de partir à l'aventure, mais mon fiancé ne le comprend pas. Il est assez possessif et exclusif, et il est plutôt sédentaire. Et puis, il a des idées un peu trop conservatrices pour moi. Je l'aime, et lui aussi m'aime, mais je ne sais pas si nous sommes faits l'un pour l'autre. Je ne sais pas quoi faire… Pouvez-vous m'aider?
>
> Natacha

Chère Natacha,

Il est évident que votre fiancé et vous avez des personnalités différentes…

_____

_____

_____

_____

_____

_____

_____

_____

_____

_____

_____

_____

_____

_____

⊕ Perspectives culturelles

A Relisez **Le couple en transition** à la page 422 de votre manuel et associez les éléments de gauche aux éléments de droite.

_____ 1. 90% des couples français le font

_____ 2. plus de 50% des couples français le font

_____ 3. une union autre que le mariage reconnue par la loi française

_____ 4. un devoir des personnes unies par le PACS

_____ 5. le PACs ne donne pas ce droit aux couples gay (pas jusqu'en 2012)

_____ 6. deux

_____ 7. les mariages qui finissent par le divorce

a. adopter des enfants

b. commencer une vie ensemble sans être mariés

c. le nombre d'enfants que le couple français a en moyenne

d. le PACS

e. avoir un enfant hors mariage

f. 50%

g. s'apporter une aide matérielle

B Relisez **Perspectives sur l'amitié** à la page 429 et indiquez si les affirmations suivantes correspondent aux Français, aux Américains ou aux deux.

_____ 1. Si on n'a pas d'ami(e)s, on ne peut pas être heureux.

    a. les Français

    b. les Américains

    c. les deux

_____ 2. Ils sont d'apparence fermés et distants.

    a. les Français

    b. les Américains

    c. les deux

_____ 3. Ils sont traditionnellement plus nomades.

    a. les Français

    b. les Américains

    c. les deux

_____ 4. De manière générale, ils se créent des amitiés plus vite.

    a. les Français

    b. les Américains

    c. les deux

C **Voix en direct:** C'est quoi pour vous l'amitié?
Relisez les témoignages à la page 430 de votre manuel et répondez aux questions suivantes.

1. Associez chaque personne à sa définition de l'amitié.

   Rim _____   **a.** L'ingrédient fondamental est d'avoir quelque chose en commun.

   Olivia _____   **b.** L'amitié signifie pouvoir compter sur quelqu'un et ne pas juger ou être jugé(e).

   Bienvenu _____   **c.** L'amitié est nécessaire dans la vie.

2. Olivia a _____.
   a. deux amis
   b. deux bons amis
   c. quinze amis

3. Le proverbe français que Bienvenu cite, «Tout ce qui se ressemble s'assemble» signifie : _____.
   a. Nos amis ont la même personnalité et les mêmes valeurs que nous.
   b. Nos amis sont différents de nous, ils n'ont pas les mêmes valeurs que nous.
   c. Nos amis sont grands, beaux et intelligents comme nous.

4. Quand Rim était aux Etats-Unis, elle _____.
   a. n'a pas eu de contact avec ses amis tunisiens
   b. a écrit à ses amis mais elle ne les a pas vus
   c. est restée en contact avec ses amis grâce à Internet

5. Les trois personnes interviewées _____.
   a. ont toutes la même définition de l'amitié
   b. ont toutes une définition différente de l'amitié
   c. sont d'accord les unes avec les autres

Module de récapitulation

For more self-correcting quizzes and cultural activities, go to **www.cengagebrain.com.**

Fictions

Testez-vous! Pour vous aider à réviser, passez l'examen final suivant basé sur le conte *Barbe-bleue.* Lisez le conte et ensuite répondez aux questions. Vous allez utiliser le passé, le conditionnel, le présent de narration, le comparatif, les pronoms, l'interrogatif, les expressions négatives et le subjonctif.

Barbe-bleue *(Blue Beard)*
adapté du conte de Charles Perrault

Il était une fois un homme très riche qui voulait se marier, mais les femmes avaient peur de lui à cause de sa barbe bleue. De plus, cet homme avait déjà épousé plusieurs femmes qui avaient disparu° et personne ne savait ce que ces femmes étaient devenues. Un jour, il a invité sa voisine° et ses filles dans son splendide château. Après la visite, une des filles a décidé que sa barbe n'était peut-être pas si bleue après tout et elle a accepté de l'épouser.

Après un mois de mariage, Barbe-bleue a dit à son épouse qu'il devait la laisser seule pendant quelques jours pour faire un voyage d'affaires. Avant de partir, il lui a donné les clés de la maison. «Voilà les clés des deux grandes chambres et voilà la clé de mes coffres-forts° où se trouve tout mon argent» a-t-il dit. Puis, il a ajouté «Mais, cette petite clé-ci, c'est pour mon cabinet en bas. Je vous interdis° d'y entrer! Si vous ouvrez cette porte, je me mettrai tellement° en colère que vous le regretterez!» Sa femme a promis de suivre ses ordres et il est parti.

Le jour après le départ de son mari, la jeune épouse, poussée° par la curiosité, est descendue pour voir ce qui se trouvait dans le petit cabinet. Elle a mis la clé dans la serrure° avec une main tremblante. D'abord, elle n'a rien vu parce que les fenêtres étaient fermées. Mais après quelques moments, elle a vu que le plancher° était couvert de sang°. Puis elle a vu les corps des femmes au mur. (C'étaient toutes les femmes que Barbe-bleue avait épousées.) Terrifiée, elle a laissé tomber la clé. Quand elle l'a ramassée°, elle a vu que la clé était couverte de sang. Elle a essayé de la laver mais elle n'a pas réussi à enlever° le sang, car c'était une clé magique.

Barbe-bleue est revenu à la maison ce soir-là et il a demandé ses clés. Regardant la petite clé, il a demandé: «Pourquoi y a-t-il du sang sur cette clé?» «Je ne sais pas» a répondu sa pauvre femme. «Vous êtes entrée dans mon cabinet! Vous devez mourir comme les autres!» a crié Barbe-bleue.

La jeune femme s'est jetée° à ses genoux et a dit: «Donnez-moi un peu de temps pour prier Dieu°.» L'homme lui a donné un quart d'heure et elle a appelé sa sœur: «Anne, dis à mes frères de venir me sauver!» «C'est l'heure de mourir!» a crié Barbe-bleue. Il a pris sa femme par les cheveux pour lui couper la tête. À ce moment-là, quelqu'un a tapé° très fort à la porte. Quand Barbe-bleue est allé l'ouvrir, il a vu deux cavaliers, épée° à la main. Les frères ont alors percé° son corps avec leur épée et Barbe-bleue est mort.

La jeune femme a hérité° de tous les biens° de son mari. Elle a donné une partie de ses richesses à sa sœur et à ses frères et a pu oublier les mauvais moments passés avec Barbe-bleue.

disappeared
neighbor

safes
forbid
so

pushed

lock

floor
blood

picked up
to remove

threw herself
say a prayer

banged
sword; pierced

inherited; estate

A **Avez-vous compris?** Répondez aux questions suivantes.

1. Pourquoi est-ce qu'il était difficile pour Barbe-bleue de trouver la femme de ses rêves?

_____

_____

2. Pourquoi la jeune fille a-t-elle décidé de se marier avec Barbe-bleue après sa première visite au château?

_____

_____

3. Qu'est-ce qu'il y a dans le cabinet?

_____

_____

4. Qui sauve la jeune femme?

_____

_____

5. Est-ce que vous connaissez d'autres histoires où la curiosité d'un individu est une source de malheur *(unhappiness)*?

_____

_____

Voir Structure à réviser: *Le passé*

B **À vous de raconter!** Racontez l'histoire de *Barbe-bleue* en complétant les phrases. Utilisez le passé composé ou l'imparfait des verbes donnés.

Il était une fois un homme riche qui _____ (1. avoir) une barbe bleue. Les femmes

refusaient de l'épouser car elles _____ (2. avoir) peur de lui. Une de ses voisines

avait deux jolies filles. Un jour l'homme les _____ (3. inviter) dans son château.

Pendant leur visite, les filles et leur mère _____ (4. voir) que Barbe-bleue était riche

et pas trop laid. Après la visite, la cadette *(younger sister)* _____ (5. se décider) à

l'épouser. Au bout d'un *(at the end of a)* mois, Barbe-bleue _____ (6. partir), laissant

sa femme seule au château. Avant de partir, il lui _____ (7. donner) plusieurs

clés. Mais il lui _____ (8. ordonner) de ne pas ouvrir la porte de son cabinet. La

jeune femme lui _____ (9. promettre) de bien respecter ses instructions. Mais elle

_____ (10. être) curieuse et elle a ouvert la porte. Elle _____

(11. voir) les cadavres des autres femmes de Barbe-bleue et elle a fait tomber les clés. Quand Barbe-bleue

_____ (12. revenir), il a essayé de tuer sa nouvelle femme. Mais ses frères

_____ (13. arriver): ils ont tué Barbe-bleue et ont sauvé leur sœur.

C **Le journal intime de Barbe-bleue.** Dans son journal intime, Barbe-bleue raconte l'histoire de son point de vue. Complétez ce qu'il écrit sur sa dernière femme. Utilisez les verbes de la liste et conjuguez les au passé composé ou à l'imparfait.

accepter	aimer	avoir	devoir	entrer
être	mourir	pouvoir	voir	vouloir

Modèle: Pour mieux connaître ma dernière femme, je l'*ai invitée* avec sa mère et ses sœurs dans mon château.

1. Au début, elle _____ peur de moi à cause de ma barbe.

2. Mais après quelques temps, elle _____ de m'épouser.

3. Je ne savais pas si elle m' _____ ou pas.

4. Mais moi, je la traitais bien; je lui donnais tout ce qu'elle _____.

5. La seule chose qu'elle ne _____ pas faire, c'était entrer dans mon cabinet.

6. Un jour, j(e) _____ aller en voyage d'affaires. Pendant mon absence, elle _____ dans mon cabinet.

7. Comme toutes mes autres femmes, elle _____ trop curieuse!

8. À mon retour, quand j(e) _____ le sang sur la petite clé, je me suis mis en colère.

9. Mes autres femmes _____ à cause de leur curiosité et elle aussi doit mourir!

Voir Structure à réviser: *Le conditionnel*

D **Une union conditionnelle.** La mère et ses filles viennent de rendre visite à Barbe-bleue dans son château. La future épouse se demande si elle pourrait vivre avec Barbe-bleue et demande conseil à sa mère et à ses sœurs. Complétez leurs conseils de façon logique avec le conditionnel des verbes donnés.

Modèle: Si l'homme n'avait pas une barbe bleue, il *serait* plus séduisant.

1. Si tu apprenais à le connaître, peut-être que tu _____ (découvrir) un homme charmant.

2. Si on lui coupait la barbe, il _____ (être) plus beau.

3. Ma fille, si tu épousais cet homme, tes sœurs et moi, nous _____ (être) très riches.

4. S'il était violent avec toi, tes frères _____ (venir) t'aider.

5. Moi, si je savais ce qui est arrivé aux autres femmes, je _____ (pouvoir) mieux te conseiller.

6. Si vous, mes sœurs, pouviez habiter au château avec moi, j' _____ (avoir) moins peur.

Voir Structure à réviser: *Le présent*

E **Barbe-bleue au théâtre.** Imaginez qu'on va présenter l'histoire de Barbe-bleue au théâtre. Voici les indications scéniques *(stage directions)* pour le rôle de la femme de Barbe-bleue. Conjuguez les verbes entre parenthèses au présent.

La femme de Barbe-bleue _____ (1. descendre) les escaliers qui

_____ (2. aller) au petit cabinet en bas. Elle _____ (3. sortir)

la clé de sa poche et la _____ (4. mettre) dans la serrure de la porte. Ses mains

_____ (5. devoir) visiblement trembler parce qu'elle _____

(6. avoir) très peur. Elle _____ (7. savoir) qu'elle ne devrait pas être ici. Elle

_____ (8. ouvrir) la porte mais d'abord, elle _____ (9. ne pas

voir) très bien, à cause de l'obscurité. Puis, les corps des épouses de Barbe-bleue _____

(10. devenir) très visibles. La femme _____ (11. hurler *[to scream]*) et

_____ (12. se dépêcher) de partir.

Voir Structure à réviser: *Le comparatif et le superlatif*

F **Comparons les contes de fées.** Complétez les descriptions suivantes de contes de fées en utilisant la forme comparative ou superlative de l'adjectif ou de l'adverbe donné entre parenthèses. Attention au genre!

   Modèle: Barbe-bleue est *aussi terrifiant* (terrifiant) que le géant dans *Jacques et le haricot magique.*

1. La nouvelle femme de Barbe-bleue est _____ (curieux) que ses anciennes femmes.

2. Cendrillon est _____ (gentil) que ses deux sœurs.

3. Elle danse et chante _____ (bien) que les autres femmes au bal.

4. La belle-mère de Cendrillon est _____ (méchant) que la belle-mère de la Belle au bois

   dormant.

5. Dans *Blanche Neige et les sept nains,* Joyeux est le nain _____ (heureux) de tous.

6. Quand il ment *(lies),* le nez de Pinocchio devient _____ (long).

7. La princesse au petit pois *(The Princess and the Pea)* est _____ (sensible) de toutes les

   jeunes filles du royaume.

8. L'histoire des Chevaliers de la table ronde est _____ (connu) que l'histoire du Petit

   Chaperon rouge.

Voir Structure à réviser: *Les pronoms*

G **Lisez de plus près.** Regardez les pronoms dans les passages suivants du texte *Barbe-bleue*. Identifiez le mot auquel le pronom fait référence.

1. ligne 6: elle a accepté de l'épouser.

   l' =   **a.** la barbe   **b.** l'homme   **c.** la jeune fille

2. ligne 7: … Barbe-bleue a dit à son épouse qu'il devait la laisser…

   la =   **a.** Barbe-bleue   **b.** le mariage   **c.** sa femme

3. ligne 8: Avant de partir, il lui a donné les clés de la maison.

   lui =   **a.** à un voyage d'affaires   **b.** à Barbe-bleue   **c.** à son épouse

4. ligne 11: Je vous interdis d'y entrer!

   y =   **a.** la petite clé   **b.** dans la maison   **c.** dans le cabinet en bas

5. ligne 19: Quand elle l'a ramassée,…

   l'=   **a.** la clé   **b.** la femme   **c.** le sang

6. ligne 27: L'homme lui a donné un quart d'heure…

   lui =   **a.** à Dieu   **b.** à l'homme   **c.** à la femme

7. ligne 30: Quand Barbe-bleue est allé l'ouvrir…

   l' =   **a.** la tête   **b.** la maison   **c.** la porte

H **Un résumé du conte.** Sélectionnez le pronom approprié pour compléter le résumé.

Barbe-bleue s'est marié avec plusieurs femmes et il _____ (1. les, leur, se) a toutes

tuées. Il pense que tuer ses femmes était justifié. Il _____ (2. les, leur, se) a dit de ne pas

entrer dans son cabinet privé, mais elles ne _____ (3. lui, l', y) ont pas écouté et elles

_____ (4. lui, y, en) sont entrées quand même. Sa nouvelle jeune femme a laissé tomber

la clé dans le cabinet et elle n'a pas réussi à _____ (5. la, lui, en) laver. Quand son mari

est rentré à la maison, elle a dû _____ (6. le, lui, la) rendre ses clés. Barbe-bleue a alors

su que sa femme _____ (7. l', lui, y) avait menti *(lied)*. La jeune femme a dit à sa sœur

de faire venir leurs frères au palais. Quand les frères _____ (8. lui, le, y) sont arrivés,

ils ont tué Barbe-bleue et ils ont sauvé leur sœur. La jeune femme _____ (9. les, leur, l')

a embrassés et elle _____ (10. les, leur, en) a expliqué tout ce qui s'était passé. Pour

remercier ses frères, elle _____ (11. les, leur, lui) a donné une partie de sa fortune et ils

_____ (12. y, en, le) ont été très reconnaissants *(grateful)*. Elle _____

(13. la, en, lui) a donné une autre partie à sa sœur Anne et tout le monde a oublié l'horrible Barbe-bleue.

Voir Structure à réviser: *L'interrogatif*

I **Une conversation entre deux sœurs.** Imaginez la conversation entre la jeune femme et sa sœur. Lisez les réponses suivantes et donnez les questions que la sœur a probablement posées.

JEUNE FEMME: Anne, viens vite! Il faut absolument que je te parle. Barbe-bleue va me tuer!

1. ANNE: _____

JEUNE FEMME: Parce que j'ai ouvert la porte du cabinet qu'il m'avait interdit d'ouvrir.

2. ANNE: _____

JEUNE FEMME: J'ai trouvé les corps de ses anciennes femmes.

3. ANNE: _____

JEUNE FEMME: Mon mari est probablement dans sa chambre.

4. ANNE: _____

JEUNE FEMME: Il va sans doute arriver dans quelques minutes.

5. ANNE: _____

JEUNE FEMME: Seuls nos frères peuvent m'aider. J'espère qu'ils vont vite arriver.

Voir Structure à réviser: *Les expressions négatives*

J **Jamais de la vie!** Répondez aux questions suivantes avec des phrases complètes en utilisant une expression négative: **ne... plus, ne... jamais, ne... pas encore, ne... personne.**

1. Est-ce que vous connaissez quelqu'un comme Barbe-bleue?

_____

2. Lorsque la jeune fille l'épouse, est-ce qu'elle sait déjà que c'est un monstre?

_____

3. Quand elle découvre la vérité, est-ce que la jeune femme aime toujours son mari?

_____

4. Est-ce que vous croyez que la jeune femme pense souvent à son mari?

_____

Voir Structure à réviser: *Le subjonctif*

K **Quelle subjectivité!** C'est la veille *(the day before)* du mariage de la jeune femme et de Barbe-bleue. Seule dans sa chambre, elle se pose encore des questions. Complétez son monologue intérieur en conjuguant les verbes donnés au subjonctif ou à l'indicatif.

J'ai demandé conseil à ma mère et à mes sœurs et je ne suis pas sûre qu'elles _____

(1. être) d'accord avec ma décision d'épouser Barbe-bleue. C'est vrai que cet homme

_____ (2. avoir) l'air un peu terrifiant, avec sa barbe bleue. Mais je ne pense pas que le

physique *(looks)* des gens _____ (3. devoir) être le seul critère de sélection en amour.

Il est peut-être très gentil… J'apprendrai à le connaître et à l'aimer. Mais je me demande où sont passées ses

anciennes épouses. Il est surprenant que personne ne _____ (4. savoir) ce qui leur est

arrivé. Je doute que mon futur mari me _____ (5. dire) ce qui s'est passé; il semble assez

secret. Mais je sais être persuasive et je pense qu'il _____ (6. pouvoir) s'ouvrir aux gens

une fois *(once)* qu'il les connaît bien. Il faut simplement qu'il _____ (7. apprendre) à me

faire confiance. Oui, je n'ai plus de doutes maintenant, je suis sûre que nous _____

(8. aller) bien nous entendre, Barbebleue et moi!

🌐 Perspectives culturelles

Relisez **Charles Perrault, père de *La mère l'Oie*** à la page 454 de votre manuel. Associez correctement les éléments des deux listes.

_____ 1. C'est le roi dont Charles Perrault était le ministre de la culture.

_____ 2. C'est la formule magique qui commence tous les *Contes de La mère l'Oie.*

_____ 3. *Les Contes de La mère l'Oie* les ont diverties.

_____ 4. C'est la conclusion d'un conte.

_____ 5. Dans la version de Perrault, le Petit Chaperon rouge est…

a. les dames de Versailles

b. les enfants des pays anglophones

c. Louis XIV

d. mangé par le loup.

e. Il était une fois…

f. Louis XVI

g. le dénouement

h. le déroulement

i. une ogresse qui chasse les animaux

Les camarades et la salle de classe

Module **1**

Comment se présenter et se saluer

CD1, Track 2

Exercice 1. Formel ou familier? Indicate whether the speakers are being formal or familiar by putting an X in the appropriate column. You will hear each sentence twice.

	formel	familier
1.	_____	_____
2.	_____	_____
3.	_____	_____
4.	_____	_____
5.	_____	_____
6.	_____	_____

CD1, Track 3

Exercice 2. Comment allez-vous? You will hear six short greetings. Select and give an appropriate response during the pause, then check your answers against the recording.

1. _____   **a.** Je m'appelle Serge Lambrechts.

2. _____   **b.** Salut, à demain.

3. _____   **c.** Moi, je viens de Marseille.

4. _____   **d.** Oui, ça va. Et toi?

5. _____   **e.** Très bien, merci. Et vous?

6. _____   **f.** Pas mal. Et toi?

CD1, Track 4

Identification des choses et des personnes

Exercice 3. Identifiez les choses. Indicate whether the following objects are being properly identified by marking **oui** or **non** below.

1. oui   non

2. oui   non

3. oui   non

4. oui   non

5. oui   non

6. oui   non

© Cengage Learning

CD1, Track 5

La description des personnes

Exercice 4. Le festival de Cannes. You are in Cannes during the Cannes Film Festival with your French friends Carole and Laurent, who are commenting about the celebrities you see. For each celebrity, check the corresponding descriptions you hear. You may need to play the dialogue more than once.

1. Vanessa Paradis:
   - ❏ une beauté particulière
   - ❏ cheveux longs
   - ❏ cheveux bruns
   - ❏ très sympa

2. Julie Delpy:
   - ❏ très jolie
   - ❏ très intelligente
   - ❏ assez timide

3. Vincent Cassel
   - ❏ cheveux bruns
   - ❏ cheveux blonds
   - ❏ un T-shirt jaune
   - ❏ très sympa

4. Johnny Hallyday:
   - ❏ assez vieux
   - ❏ cheveux blancs
   - ❏ très grand
   - ❏ gentil

CD1, Track 6

Les vêtements et les couleurs

Exercice 5. *La Redoute*. Anne and Marc want to order school clothes from the catalogue *La Redoute*. Their mother wants to know on what pages she can find the following clothing. Write down the page number where each article of clothing can be found.

1. chaussures bleues _____

2. chemisier rose _____

3. jupe _____

4. jean _____

5. pulls _____

6. lunettes de soleil _____

CD1, Track 7

Comment communiquer en classe

Exercice 6. Vous comprenez? Match what you hear with its English equivalent.

1. _____   **a.** The exercise is on page 10.

2. _____   **b.** Turn in your homework, please.

3. _____   **c.** I don't understand.

4. _____   **d.** Work with a student.

5. _____   **e.** Open the book to page 25.

6. _____   **f.** Please repeat.

7. _____   **g.** I have a question.

CD1, Track 8

PRONONCIATION ET ORTHOGRAPHE

The alphabet and the rhythm of French

A **L'alphabet et les accents.** Listen to the French alphabet.

a b c d e f g h i j k l m n o p q r s t u v w x y z

Now listen and repeat.

Listen to the names of the accents used in French.

1. l'accent circonflexe /ê/   3. l'accent grave /à/
2. l'accent aigu /é/   4. la cédille /ç/

CD1, Track 9

B **Quelle lettre?** Listen and check the six letters you hear.

_____ a _____ b _____ c _____ d _____ e _____ f _____ g _____ h _____ i _____ j _____ k _____ l

_____ m _____ n _____ o _____ p _____ q _____ r _____ s _____ t _____ u _____ v _____ w

_____ x _____ y _____ z

CD1, Track 10

C **Un test d'orthographe (Spelling test).** Now you're ready to take a French spelling test. The first four words are already written out. Write out the final four words you hear spelled.

1. Mississippi   5. _____

2. forêt   6. _____

3. justice   7. _____

4. très   8. _____

CD 1, Track 11

D Le rythme et l'accent. English words have alternating stressed and unstressed syllables. Listen to the stress patterns of the following words, and underline where you hear the primary stress.

Partie 1:

1. university

2. impossible

3. impatience

4. uncertainty

5. movement

6. anticipation

French words, on the other hand, have evenly stressed syllables of equal length. The last syllable always receives primary stress. This produces a regular, staccato pattern. Listen to the following words pronounced in English and then in French. Underline the stressed syllable in each word.

Partie 2:

1. university   université

2. impossible   impossible

3. distinction   distinction

4. uncertainty   incertitude

5. impatience   impatience

6. anticipation   anticipation

CD 1, Track 12

E Dictée 1. You are showing a picture of your family to Carole and Laurent. Listen to the dialogue and fill in the blanks with the correct form of the verb **être**.

Vous: Voici ma mère.

Carole: Elle _____ (1) très belle! Et ici, qui est-ce?

Vous: Mes frères. Ils _____ (2) très gentils.

Laurent: Toi et tes frères, vous _____ (3) proches *(close)*?

Vous: Oui, nous _____ (4) très proches.

Carole: Et là, qui est-ce?

Vous: Mais c'est moi!

Carole: Mais tu _____ (5) blonde sur la photo!

Vous: Eh oui, je ne _____ (6) pas une vraie brune!

CD 1, Track 13

Dictée 2. Laurent, Carole and you are now looking at *Paris Match*, a French magazine. Listen to the dialogue and fill in the blanks.

Laurent: Qui est cette _____ (1) femme ici sur la photo?

Carole: Ça, je crois que c'est la femme de Will Smith. _____ (2) Jada Pinkett-Smith, non?

Vous: Oui, elle est un peu _____ (3), alors que *(while)* Will Smith est très

_____ (4), mais c'est un très _____ (5) couple.

Carole: _____ (6) s'appelle cet acteur avec les cheveux _____ (7)?

Laurent: C'est Daniel Auteuil, avec sa fille, Nelly. Elle est _____ (8), non?

Module **2**

La vie universitaire

COMPRÉHENSION AUDITIVE

Les distractions

CD 1, Track 14

Exercice 1. Les habitudes des étudiants. Ahmed, a sociology student, is interviewing two students about their various activities. Listen to each interview and, for each activity, indicate whether the student likes it or not.

Davida aime:	OUI	NON
1. habiter à la résidence	_____	_____
2. étudier les sciences politiques	_____	_____
3. étudier à la bibliothèque	_____	_____
4. étudier à la cafétéria	_____	_____
5. écouter de la musique	_____	_____
6. regarder des films	_____	_____
7. jouer au tennis	_____	_____
8. faire beaucoup de sport	_____	_____

Ichiro aime:	OUI	NON
1. étudier la philosophie	_____	_____
2. étudier dans sa chambre	_____	_____
3. étudier à la cafétéria	_____	_____
4. surfer sur Internet	_____	_____
5. écouter de la musique	_____	_____
6. nager	_____	_____
7. jouer au foot	_____	_____

Comment exprimer ses préférences

CD 1, Track 15

Exercice 2. Un sondage. Ahmed still has to interview another student, Bruno, about his leisure activities. For each activity, check if Bruno likes it **beaucoup, assez,** or **pas du tout.**

1. Bruno aime aller au cinéma.   ❑ beaucoup   ❑ assez   ❑ pas du tout

2. Il aime les comédies.   ❑ beaucoup   ❑ assez   ❑ pas du tout

3. Il aime les films d'amour.   ❑ beaucoup   ❑ assez   ❑ pas du tout

4. Il aime la musique.   ❑ beaucoup   ❑ assez   ❑ pas du tout

5. Il aime l'opéra.   ❑ beaucoup   ❑ assez   ❑ pas du tout

6. Il aime les documentaires.   ❑ beaucoup   ❑ assez   ❑ pas du tout

7. Il aime les programmes de télé-réalité.   ❑ beaucoup   ❑ assez   ❑ pas du tout

L'université et le campus

CD 1, Track 16

Exercice 3. L'arrivée au campus. Nadia, a young French woman, has just arrived at the residence hall of an American university. She calls home and lets her mother know what the facilities are like. Listen to the conversation between Nadia and her mother and mark the appropriate response to indicate what there is on campus.

Il y a…	oui	non
1. une grande résidence	_____	_____
2. des étudiants étrangers	_____	_____
3. beaucoup de Français	_____	_____
4. une cafétéria, une salle de cinéma et une salle d'études	_____	_____
5. une piscine olympique	_____	_____
6. une salle de sport	_____	_____
7. de grandes chambres	_____	_____

CD 1, Track 17

Exercice 4. Où est-ce que ça se passe? Where do the following conversations take place?

1. _____   **a.** à la bibliothèque

2. _____   **b.** au resto-U

3. _____   **c.** au musée

4. _____   **d.** à la piscine

           e. dans un parc

           f. au cinéma

Les matières

CD 1, Track 18

Exercice 5. Qui a quoi? Samad and Jasmine are discussing their classes. Listen to their conversation and put **S** next to the classes that Samad has and **J** next to the classes that Jasmine has.

Nouveau vocabulaire:

avoir de la chance   *to be lucky*
heureusement   *fortunately*

_____ l'histoire   _____ la psychologie   _____ les mathématiques

_____ l'informatique   _____ l'espagnol   _____ le français

CD 1, Track 19

Exercice 6. Opinions. A couple of students are talking about their classes, professors, and the university in general. Listen to their conversation and decide whether each statement is positive or negative.

1. _____ positif   _____ négatif

2. _____ positif   _____ négatif

3. _____ positif   _____ négatif

4. _____ positif   _____ négatif

5. _____ positif   _____ négatif

6. _____ positif   _____ négatif

CD 1, Track 20

Le calendrier

Exercice 7. Une fiche d'inscription. You're helping the admissions officer of a summer program fill out registration forms. As the students answer questions, fill out the **fiche d'inscription.**

Fiche d'inscription
Nom: _____ Prénom: _____
Nationalité: _____
Date de naissance: _____ 1994
Profession: _____
Adresse: _____ rue de _____
Numéro de téléphone: _____

CD 1, Track 21

Exercice 8. Le calendrier scolaire. Fatou and Jamal are looking over their school calendar to plan their vacations. Listen to their conversation and choose the correct answer.

Nouveau vocabulaire:

un jour férié   *holiday*

_____ 1. Cette année, beaucoup de jours fériés sont:

    a. le lundi

    b. le mardi

    c. le samedi

_____ 2. Le premier jour férié est:

    a. Noël

    b. Pâques

    c. la Toussaint

_____ 3. La Toussaint est:

    a. le premier septembre

    b. le premier novembre

    c. le dernier novembre

_____ 4. Les vacances de Noël commencent:

    a. le 21 décembre

    b. le 5 décembre

    c. le 15 décembre

_____ 5. Cette année, Pâques est:

    a. le 16 avril

    b. le 6 avril

    c. 16 août

CD 1, Track 22

PRONONCIATION ET ORTHOGRAPHE

Intonation patterns for yes/no questions and identifying negative sentences

A **Les questions.** In informal spoken French, you can ask yes/no questions simply by using a rising intonation pattern. Listen to the following statements and questions. Notice the falling intonation pattern of the statements and the rising contours of the questions.

1. **a.** Tu es content

   b. Tu es content?

2. **a.** Il aime ses cours.

   b. Il aime ses cours?

3. **a.** Ce cours est intéressant.

   b. Ce cours est intéressant?

4. **a.** Il n'y a pas de piscine à la résidence.

   b. Il n'y a pas de piscine à la résidence?

5. **a.** Marc préfère écouter le rap.

   b. Marc préfère écouter le rap?

6. **a.** Vous étudiez à la bibliothèque.

   b. Vous étudiez à la bibliothèque?

After hearing each statement again, use rising intonation to turn it into a question. Then compare your questions with those on the recording.

CD 1, Track 23

B **Les questions avec *est-ce que*.** Another way to form a question is by adding **est-ce que (qu')** in front of the statement. **Est-ce que** questions use a slightly more gradual rising intonation pattern. Listen to the following statements and questions.

1. **a.** Il a deux cours de biologie ce trimestre.

   b. Est-ce qu'il a deux cours de biologie ce trimestre?

2. **a.** C'est difficile.

   b. Est-ce que c'est difficile?

3. **a.** Vous aimez les documentaires.

   b. Est-ce que vous aimez les documentaires?

4. **a.** Tu écoutes la radio.

   b. Est-ce que tu écoutes la radio?

Listen to the following bits of conversation. Put a question mark (?) in the blank if you hear a question. If you hear a statement, leave it empty.

1. _____   5. _____

2. _____   6. _____

3. _____   7. _____

4. _____   8. _____

CD 1, Track 24

C **La négation.** Negative sentences in French are created by putting **ne** before the verb and **pas** after it. Sometimes in casual speech the **ne** is omitted, leaving **pas** to mark the negation. Listen to the following sentences and indicate whether the verb is stated in the negative or the affirmative by selecting a negative sign or a positive sign.

1. −   +   5. −   +
2. −   +   6. −   +
3. −   +   7. −   +
4. −   +   8. −   +

CD 1, Track 25

D **Paragraphe à trous.** You will hear a passage in which Robert describes his life at the university. On the first reading, just listen to get the main ideas. The second time, fill in the following paragraph with the missing words and phrases. Finally, listen and correct your answers.

Bonjour. Je m'appelle Robert. Je suis _____ (1) à l'université Laval au Québec mais je

_____ (2) de nationalité (f.) _____ (3).

J' _____ (4) beaucoup la vie universitaire ici. Il y a _____

(5) cafés, de _____ (6) restaurants et beaucoup de _____ (7)

étudiants comme moi. À la résidence, on fait souvent la fête. Nous _____ (8)

de la musique et _____ (9) ensemble. Et puis, il y a les discussions politiques.

Nous _____ (10) ensemble parfois jusqu'à deux heures du matin. Moi, je n'étudie pas

ici parce qu' _____ (11) trop de bruit (noise). Je _____ (12)

aller à la bibliothèque.

Chez l'étudiant

Module 3

La famille

CD 1, Track 26

Exercice 1. La famille de Clotilde. Below is Clotilde's family tree.

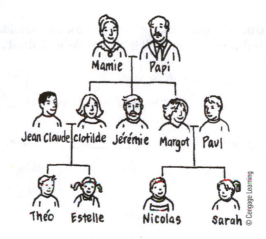

A. Follow along on the family tree as you listen to Clotilde describe her family. Then indicate if the following statements are true (**vrai**) or false (**faux**).

	vrai	faux
1. Le père de Clotilde s'appelle Jean-Claude.	❏	❏
2. Théo n'a pas de sœur.	❏	❏
3. Papi et Mamie sont les parents de Théo et d'Estelle.	❏	❏
4. Les parents de Clotilde habitent dans un appartement à Paris.	❏	❏
5. Théo et Estelle ont un cousin et une cousine.	❏	❏
6. Le neveu de Clotilde a 7 ans.	❏	❏
7. Jérémie n'a pas d'enfants alors il n'aime pas jouer avec ses neveux et nièces.	❏	❏
8. Toute la famille passe des moments agréables à la campagne.	❏	❏

B. Now use the family tree and the list of words to complete the following description of Clotilde's family. When you have finished, listen to the audio to verify your answers.

femme	**fille**	**cousine**
grands-parents	**frère**	**cousin**
mari	**oncle**	

1. Clotilde Monaud et son _____ Jean-Claude ont deux enfants.

2. Leur _____ Estelle a 12 ans.

3. Estelle et son _____ Théo, qui a 16 ans, aiment passer le week-end chez leurs _____ à la campagne.

4. Les deux enfants ont un _____, Nicolas, et une _____, Sarah.

5. Les enfants adorent leur _____ Jérémie. Il n'a pas de _____.

CD 1, Track 27

Exercice 2. La vieille maison. Manuel is taking a stroll in the countryside when he comes across a charming old house. Listen to his description, and fill in the blanks with **de, d', du, de la,** or **des.**

1. Le jardin _____ maison est vaste.

2. Le vert _____ arbres est magnifique et les fleurs _____ jardin sont superbes.

3. Le jardin ressemble à une composition _____ Monet.

4. Les rideaux (*curtains*) _____ fenêtres sont ouverts.

5. Une vieille dame ouvre la porte _____ salon (*living room*).

6. L'expression _____ dame est gentille.

7. C'est mon professeur _____ français!

CD 1, Track 28

Les caractéristiques personnelles

Exercice 3. Comment est votre famille? Annick is describing her family. Select the adjectives she uses to describe each family member.

Père: sympathique _____   sérieux _____   strict _____

actif _____   bon sens de l'humour _____   intelligent _____

Mère: sérieuse _____   gentile _____   paresseuse _____

difficile _____   généreuse _____   compréhensive _____

Frère: sympathique _____   désagréable _____   bien élevé _____

égoïste _____   paresseux _____   beau _____

CD 1, Track 29

Exercice 4. Rubrique Rencontres. Michel and his friend Claire are having fun reading the personals section of their newspaper. Listen to the recording and write down the age of the writer while listening for the qualities he or she is looking for in a partner. Select the element in the description that does <u>not</u> apply.

1. femme _____ ans, cherche homme 30 à 45 ans, intellectuel, généreux, cultivé, charmant, riche

2. femme _____ ans, cherche homme sportif, intelligent, réaliste, affectueux

3. femme _____ ans, cherche homme beau, stable, qui aime nager, le cinéma et la conversation

4. homme _____ ans, cherche femme sportive, qui aime le ski, le golf, le vélo, les voyages et le bridge

5. homme _____ ans, cherche femme jolie, stable, tendre, patiente, qui aime les enfants

6. homme _____ ans, cherche femme cultivée, élégante, calme, pessimiste

CD 1, Track 30

Exercice 5. Questions de famille. Julie and her new friend Marco are talking about their families, who are very different from one another. First, read the following phrases; then listen to their conversation and indicate whose family is being described by checking the appropriate box.

	Julie	Marco
1. a une grande famille avec des frères et sœurs, des oncles et une tante	❏	❏
2. a une petite famille	❏	❏
3. a des animaux domestiques	❏	❏
4. n'a pas d'animaux domestiques	❏	❏
5. habite dans un appart' avec un coloc'	❏	❏
6. habite avec ses parents	❏	❏
7. a de bonnes relations avec ses parents	❏	❏
8. n'a pas de bonnes relations avec ses parents	❏	❏
9. sa sœur habite dans une autre ville	❏	❏
10. voit (*sees*) sa famille seulement pour les grandes fêtes	❏	❏

CD 1, Track 31

La chambre et les affaires personnelles

Exercice 6. Les déménageurs. You overhear a client telling a representative from a moving company where to put her furniture. Look at the drawing of the bedroom and circle or click on any objects that have not been put in the correct place.

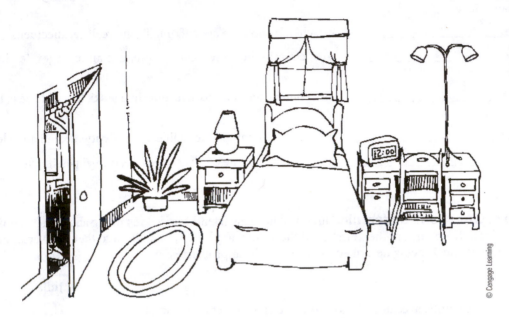

© Cengage Learning

CD 1, Track 32

Exercice 7. Qu'est-ce qu'il faut apporter? Michael is putting together a list of things to buy for his year abroad in France. He calls his host mother, Mme Millot, to double-check on a few items. First, write down each object mentioned; then mark whether he should bring it or not. You will hear the conversation twice.

objet	apporter	ne pas apporter
1. _____	_____	_____
2. _____	_____	_____
3. _____	_____	_____
4. _____	_____	_____
5. _____	_____	_____

CD 1, Track 33

Des nombres à retenir (60 à 1 000 000)

Exercice 8. France Télécom Listen to M. Renaud ask Information (**France Télécom**) for the following numbers and jot them down.

1. Air France _____

2. Monoprix _____

3. Résidence Citadines _____

4. Musée d'Orsay _____

CD 1, Track 34

Comment louer une chambre ou un appartement

Exercice 9. Un studio à louer. You have a studio apartment available for rent and you get a call from someone interested in it. Select and read aloud the answer that best responds to the question or statement you hear.

Modèle: Vous entendez: Bonjour, c'est bien le 04-54-46-21-11?

Vous choisissez et vous dites: _____ **a.** Oui, c'est lundi.

                                         __✓___ **b.** *Oui, c'est ça.*

                                         _____ **c.** Non, je vais réfléchir.

1. _____   **a.** Nous avons un appartement avec deux chambres.

     _____   **b.** Oui, nous avons un beau studio près de la fac.

     _____   **c.** Nous avons l'air climatisé.

2. _____   **a.** Oui, il y a un beau jardin derrière.

     _____   **b.** Oui, il y a un sofa, une table et des chaises, un lit et une table de nuit.

     _____   **c.** Oui, il est lumineux avec de grandes fenêtres qui donnent sur le parc.

3. _____   **a.** Je regrette, mais les animaux sont interdits.

     _____   **b.** Il y a des charges aussi.

     _____   **c.** Je regrette, mais il est interdit de fumer.

4. _____   **a.** C'est près du centre-ville.

     _____   **b.** Les charges sont comprises.

     _____   **c.** 285 euros par mois, plus les charges.

5. _____   **a.** De rien. Au revoir.

     _____   **b.** Très bien. Vous voulez le prendre?

     _____   **c.** Moi aussi, j'aime réfléchir.

Now listen to the entire conversation and check your answers.

CD 1, Track 35

PRONONCIATION ET ORTHOGRAPHE

Silent letters in *-er* verbs and feminine endings

A   **Les lettres muettes *(Silent letters)* dans les verbes en *-er*.** One of the difficulties in learning to pronounce F/re/nch is deciding which final letters to pronounce. In French, most final consonants are silent. Notice that the forms of the verb **parler** shown in the boot on the next page all sound the same even though they are spelled differently. This is because they have silent endings: **je parlɇ, tu parlɇs, il parlɇ, ils parlɇnt, elles parlɇnt.** Only the **nous** and **vous** forms have endings that you can hear: **nous parlons, vous parlez.**

parler *(to speak)*

je parle	nous parlons
tu parles	vous parlez
il parle	ils parlent

Pronounce the following verbs and then check your pronunciation against what you hear on the recording.

1. j'aime

2. tu changes

3. nous arrivons

4. elle regarde

5. ils chantent

6. nous écoutons

7. vous imaginez

8. ils détestent

9. elles jouent

10. tu décides

CD 1, Track 36

B Les terminaisons féminines *(Feminine endings).* In French, the ends of words carry important gender information. Many masculine words that end in a vowel sound have a feminine equivalent that ends in a consonant sound. This is because the addition of the feminine **-e** causes the final consonant to be pronounced (for example, the masculine/feminine pair **sérieux/sérieuse**). Listen to the following adjectives and indicate whether they are masculine or feminine by selecting **M** or **F**.

1. M   F

2. M   F

3. M   F

4. M   F

5. M   F

6. M   F

7. M   F

8. M   F

9. M   F

10. M   F

CD 1, Track 37

C Qu'est-ce que vous entendez? Listen to the following list of words and select all written forms that correspond to what you hear.

Modèle: Vous entendez: chante

Vous sélectionnez: **a.** chante __✔__   **b.** chantez _____   **c.** chantent __✔__

1. **a.** parler _____   **b.** parles _____   **c.** parlez _____

2. **a.** bel _____   **b.** belle _____   **c.** belles _____

3. **a.** doux _____   **b.** douce _____   **c.** douces _____

4. **a.** nerveux _____   **b.** nerveuse _____   **c.** nerveuses _____

5. **a.** stressé _____   **b.** stressée _____   **c.** stressés _____

6. **a.** écoutes _____   **b.** écoute _____   **c.** écoutent _____

7. **a.** étudie _____   **b.** étudier _____   **c.** étudient _____

8. **a.** réservé _____   **b.** réservée _____   **c.** réservés _____

9. **a.** française _____   **b.** françaises _____   **c.** français _____

10. **a.** travaille _____   **b.** travaillons _____   **c.** travaillent _____

Travail et loisirs

COMPRÉHENSION AUDITIVE

Les métiers

CD 2, Track 2

Exercice 1. Qui parle? Listen as several people talk about their jobs, and circle the name of their profession. You are not expected to understand the entire passage; just listen for key words.

1. une femme d'affaires	un patient	une infirmière	une artiste
2. un acteur	un serveur	un professeur	un chanteur
3. un ouvrier	un journaliste	un cadre	une avocate
4. un médecin	un pilote	un agriculteur	un vendeur
5. un ouvrier	un médecin	un vendeur	un agent de police
6. une architecte	une secrétaire	une mécanicienne	un juge

CD 2, Track 3

Les lieux de travail

Exercice 2. En ville. Look at the town map and respond **vrai** or **faux** to the statements you hear.

© Cengage Learning

	vrai	faux			vrai	faux
1.	❑	❑		5.	❑	❑
2.	❑	❑		6.	❑	❑
3.	❑	❑		7.	❑	❑
4.	❑	❑				

CD 2, Track 4

Exercice 3. Ma journée. The Deroc family members have busy schedules today. Listen as they describe where they plan to go and number the places listed below 1–4 in order.

1. Agnès Deroc

_____ le café

_____ la banque

_____ l'hôpital

_____ la poste

2. Michel Deroc

_____ la mairie

_____ le restaurant

_____ l'usine

_____ le commissariat de police

3. Christine Deroc

_____ l'église

_____ la maison

_____ le lycée

_____ le supermarché

CD 2, Track 5

Comment dire l'heure et parler de son emploi du temps

Exercice 4. L'heure. You will hear the time given in five sentences. Select the clock that corresponds to the time you hear (for the workbook, write the number of the sentence in the blank).

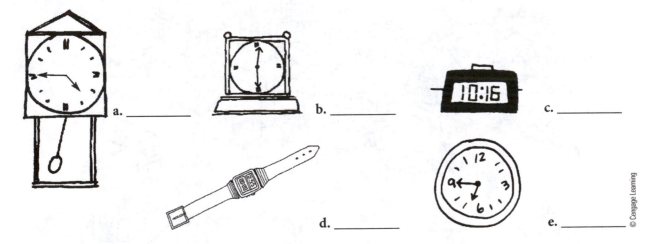

a. _____   b. _____   c. _____

d. _____   e. _____

CD 2, Track 6

Exercice 5. Un nouveau travail. Micheline is speaking with her friend Aïsha about her new job and schedule. Complete the sentences with the correct time.

_____ **1.** Micheline doit (*must*) arriver à la pharmacie à…   **a.** 7h30
_____ **2.** La pharmacie ouvre à…   **b.** 6h15
_____ **3.** Elle va se lever à…   **c.** 5h00
_____ **4.** Elle va partir de la maison à…   **d.** 8h30
_____ **5.** Elle a… pour son déjeuner (*lunch*).   **e.** 8h00
_____ **6.** Elle rentre à la maison à…   **f.** une heure et demie
_____ **7.** Le cours de yoga commence à…   **g.** 6h30

CD 2, Track 7

Les activités variées

Exercice 6. Activités du samedi. What are your friends at the **résidence universitaire** doing on Saturday afternoon? Answer the questions you hear and say what each person is doing according to the pictures below. Then compare your response with the one that follows.

Modèle: Vous entendez: Martin, qu'est-ce qu'il fait?

Vous voyez:

Vous dites: *Il joue au football.*
Vous entendez: Il joue au football.

1.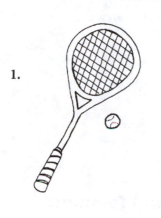

2.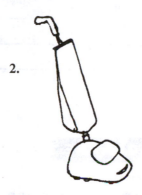

3.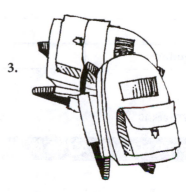

4.

5.

6.

CD 2, Track 8

Exercice 7. Quelle orientation? You are a career counselor and are trying to match your clients' tastes and wishes to the job that best suits them. Listen to each description and select the most suitable job for that person.

_____ 1.	**a.**	un musicien
_____ 2.	**b.**	une avocate
_____ 3.	**c.**	un agriculteur
_____ 4.	**d.**	une infirmière
_____ 5.	**e.**	une institutrice
_____ 6.	**f.**	un mécanicien

CD 2, Track 9

Les projets

Exercice 8. Un camp de vacances. Sara works as a camp counselor. At the orientation session she is speaking to the parents about the activities planned for their children. Check off the activities planned for the children.

Activités		Activités	
promenades		ménage	
volley		jogging	
tennis		grasse matinée	
foot		télévision	
natation		équitation	
cuisine		piano	
guitare		vélo	

CD 2, Track 10

PRONONCIATION ET ORTHOGRAPHE

French vowels /a, e, i/ and listening for masculine and feminine job titles and nationalities

A **Les voyelles françaises (introduction).** In French, vowels are pronounced with more tension and are more crisp than in English. English speakers often pronounce vowels with a diphthong or glide from one sound to another. In contrast, French vowels immediately hit their target sound. To pronounce a pure French vowel, hold your jaw steady to avoid gliding. Compare the following English–French pairs.

English	French
mat	**maths**
say	**ses**
sea	**si**
bureau	**bureau**

In this introduction to French vowels, you will practice three vowel sounds: /a/, /e/, /i/.

La voyelle /a/

The sound /a/ is written with the letter **a** (also **à, â**) and has the same pronunciation whether it is at the beginning, middle, or end of a word. The word **femme** also contains this vowel sound, in spite of its spelling. Listen to the following English–French pairs to contrast the various pronunciations of a in English with the consistent French /a/.

English	French
madam	**madame**
sociable	**sociable**
Canada	**Canada**
phrase	**phrase**

Now repeat these words with /a/, remembering to keep your jaw steadily in place.

Anne	radio	appartement	femme
âge	adresse	avril	promenade
camarade	cinéma	ma mère	elle va à Paris

La voyelle /e/

The sound /e/ begins higher and is more tense than its English equivalent. Compare the following:

English	French
may	**mes**
say	**ses**
lay	**les**

As you pronounce the following words, note that /e/ may be spelled **-er, -é, -ez, -et,** and **-es** (in one-syllable words).

désolé	vous chantez	la télé	des
musée	ses idées	et	mes
aller	chez Mémé	aéroport	parlez

La voyelle /i/

The vowel sound /i/ is pronounced high like /e/ but with your lips more spread as in a smile. Compare the following pairs, noting the absence of diphthongs in French.

English	French
key	**qui**
sea	**si**
knee	**ni**

Note that /i/ may be spelled **i** (**î,** or **ï**) or **y.** Listen and repeat the following:

midi	pique-nique	bicyclette	timide
minuit	guitare	lit	il habite
lycée	tapis	disque	il y a

CD 2, Track 11

B **Masculin ou féminin: les métiers.** Job titles often have masculine and feminine forms that follow patterns similar to those of adjectives. Some forms do not vary. Listen to the following masculine and feminine pairs and repeat.

un avocat	une avocate
un musicien	une musicienne
un infirmier	une infirmière
un secrétaire	une secrétaire

Remember that you may also hear other clues to help you understand whether the person being described is male or female: the subject pronoun **il(s)/elle(s)** and the indefinite article in the structure **c'est un(e).**

Listen to the statements that follow and mark whether the person described is male or female.

	masculin	féminin		masculin	féminin
1.	❏	❏	5.	❏	❏
2.	❏	❏	6.	❏	❏
3.	❏	❏	7.	❏	❏
4.	❏	❏	8.	❏	❏

Activités de compréhension et de prononciation • Module 4 **163**

CD 2, Track 12

C **Masculin ou féminin: nationalités.** Adjectives of nationality also have masculine, feminine, singular and plural forms. Listen and repeat these masculine/feminine pairs of adjectives:

canadien	canadienne
sénégalais	sénégalaise
allemand	allemande
russe	russe

Now, listen to the sentences and select the adjective of nationality you hear.

1. italien   italienne

2. anglais   anglaise

3. américain   américaine

4. chinois   chinoise

Finally, listen carefully to the subject and verb cues in the following sentences and select the correct form of the adjective of nationality.

masc. sing.	masc. pl.	fem. sing.	fem. pl.
5. allemand	allemands	allemande	allemandes
6. français	français	française	françaises
7. algérien	algériens	algérienne	algériennes
8. mexicain	mexicains	mexicaine	mexicaines

CD 2, Track 13

D **Dictée partielle.** Michèle is describing her brother Éric. On the first reading, just listen. The second time, fill in the blanks with the words you hear. Enter numerical values for any number you hear—do not spell out the numbers. Finally, on the third reading, correct your answers.

Mon frère Éric _____ (1) ans. _____ (2) vendeur

dans un magasin de vidéos où il travaille jusqu'à _____ (3) heures. Après, il

_____ (4) devant la téle et il _____ (5) très tard. Il aime

bien son travail parce que _____ (6) véritable amateur de cinéma (*movie buff*).

Il connaît (*He knows*) tous les films _____ (7), _____ (8)

et _____ (9). Le week-end, quand Éric et ses amis _____ (10),

ils _____ (11) ou ils _____ (12) des vidéos.

On sort?

Module **5**

Comment parler au téléphone

CD2, Track 14

Exercice 1. Tu es libre? Samia calls her friend Karine to make some plans. Listen to her telephone conversation and choose the best answer.

_____ 1. Quand Samia téléphone à Karine,…

    a. la mère de Karine répond.

    b. Karine n'est pas là.

    c. elle laisse un message pour Karine.

_____ 2. Samia a un…

    a. nouvel ami.

    b. nouveau piano.

    c. nouveau vélo.

_____ 3. Samia invite Karine à…

    a. faire une promenade dans le parc.

    b. faire du vélo.

    c. jouer du piano.

_____ 4. Karine doit…

    a. rester à la maison avec ses parents cet après-midi.

    b. travailler cet après-midi.

    c. aller à une leçon de piano cet après-midi.

_____ 5. Karine et Samia décident de…

    a. sortir demain.

    b. rentrer à trois heures.

    c. partir à trois heures.

CD2, Track 15

Exercice 2. Qui est à l'appareil? *(Who's speaking?)* Listen to each phone message and identify the party you reach by adding the appropriate letter in the blank.

1. _____   **a.** la météorologie nationale

2. _____   **b.** votre futur employeur, L'Oréal France

3. _____   **c.** votre médecin, Mme Clermont

4. _____   **d.** votre garagiste, M. Fréchaut

5. _____   **e.** une amie de la fac, Clémentine

6. _____   **f.** votre compagnie de téléphone

                  g. votre propriétaire, M. Chaumette

Comment inviter

CD2, Track 16

Exercice 3. Où aller? You will hear several conversations in which people discuss plans. Listen and select the place in column A or B where each couple decides to go.

A	B
1. ____ au concert	____ au cinéma
2. ____ au match de foot	____ au bar
3. ____ en ville	____ à la bibliothèque

CD2, Track 17

Exercice 4. Laissez un message. Véronique is organizing a picnic for noon tomorrow. Listen to the messages left on her answering machine and indicate whether or not the following people can come.

	oui	non
1. Emma	_____	_____
2. Lucas	_____	_____
3. Eva	_____	_____
4. Kenza	_____	_____
5. Mohamed	_____	_____

CD2, Track 18

Exercice 5. Des textos. A few of Véronique's friends have left her some written, abbreviated messages on her cell phone. First, read the messages out loud, then listen and match the oral messages to the written forms.

Nouveau vocabulaire:

ms = mais
resto = restaurant

1. _____
2. _____
3. _____
4. _____

a. C 1 super i d, je viens à 12h30 avec d fruits

b. C sympa ms g un examen à 12h30… Dsolé!

c. C bête, je v o resto avec JP…

d. Je suis o q p à 12h00 ms je peux venir à 1h00. C ok?

Rendez-vous au café

CD2, Track 19

Exercice 6. Conversations au café. While in a café near campus, you overhear a number of conversations. Identify the situation for each conversation by selecting the appropriate letter.

1. _____   a. getting a seat in a café

2. _____   b. ordering something to drink

3. _____   c. striking up a conversation

4. _____   d. asking for the check

5. _____   e. saying good-bye

CD2, Track 20

Exercice 7. Qu'est-ce qu'ils commandent? Your friends finally meet you at the café. You have already ordered while waiting for them; now they look at the menu and order drinks and food. Listen carefully to the following conversation and indicate the correct total number of orders for each item.

0 __ 1 __ 2 __ expresso

0 __ 1 __ 2 __ chocolat chaud

0 __ 1 __ 2 __ jus d'orange

0 __ 1 __ 2 __ croissant

0 __ 1 __ 2 __ demi

0 __ 1 __ 2 __ sandwich jambon beurre

0 __ 1 __ 2 __ sandwich au fromage (*cheese*)

0 __ 1 __ 2 __ verre d'eau

0 __ 1 __ 2 __ thé nature

0 __ 1 __ 2 __ thé citron

La météo

CD2, Track 21

Exercice 8. Prévisions météo.

As you are trying to make plans for a weekend outing in the south of France, you listen to the weather report to decide whether to go to the beach, the mountains, or the island of Corsica. On the map, fill in the weather conditions for the cities marked by writing in the temperatures and selecting from the vocabulary list.

Vocabulaire:

Il y a des orages.
Il pleut.
Il y a du soleil.
Il y a du vent.

Italie

Isola _____

France

Nice _____

Toulon _____

Ajaccio _____

Corse

© Cengage Learning

Comment faire connaissance

CD2, Track 22

Exercice 9. La bonne réaction.
First, read aloud the responses below. Then, listen to the following conversation starters and indicate the number for the most appropriate response for each one.

_____ **a.** Je m'appelle Julien.

_____ **b.** Il est 10 heures et quart.

_____ **c.** Oui, oui, allez-y.

_____ **d.** Oui, c'est un temps très agréable.

_____ **e.** Non, en fait, je ne suis pas d'ici.

_____ **f.** Non, je ne pense pas.

Now listen to the entire exchanges and check your answers.

CD2, Track 23

Exercice 10. On se connaît?
Théo is taking a walk in the park. After a while, he sits down on a bench near someone he happens to have seen before. Listen to the conversation and decide whether the following statements are true (**vrai**) or false (**faux**).

	vrai	faux
1. Théo et Léa ont un cours de biologie ensemble.	❑	❑
2. Le cours de Professeur Labatte est le jeudi à neuf heures du matin.	❑	❑
3. Théo et Léa aiment bien Professeur Labatte.	❑	❑
4. Les examens du professeur Labatte sont faciles.	❑	❑
5. Léa habite près du parc.	❑	❑
6. Aujourd'hui, il fait très beau.	❑	❑
7. Il est une heure dix.	❑	❑
8. Léa doit partir au travail.	❑	❑
9. Théo et Léa ne vont pas se revoir (*see each other again*).	❑	❑

CD2, Track 24

Exercice 11. Un ami curieux. A friend asks you lots of questions about your weekend plans. Select and read aloud the response that best answers the question you hear.

Modèle: Vous entendez: Est-ce que tu restes ici ce week-end?

Vous choisissez et vous dites: ____**X**____ *Non, je pars.*

1. _____ À l'heure.

  _____ À Las Vegas.

  _____ À six heures.

2. _____ Vendredi après-midi.

  _____ Il fait froid.

  _____ En retard.

3. _____ On prend la voiture.

  _____ On prend un café.

  _____ 400 kilomètres.

4. _____ Avec le bus.

  _____ Avec ma cousine Martine.

  _____ Avec mes livres de chimie.

5. _____ Elle va bientôt à Paris.

  _____ Elle est banquière.

  _____ Elle va bien.

6. _____ Oui, elle finit ses études en juin.

  _____ Oui, elle a 27 ans.

  _____ Non, elle n'est plus chez lui.

7. _____ Parce que nous devons voir notre tante.

  _____ Nous sommes fatiguées.

  _____ On va voir un spectacle du Cirque du Soleil.

8. _____ Oui, pourquoi pas?

  _____ Oui, il fait beau.

  _____ Oui, il y a un concert.

PRONONCIATION ET ORTHOGRAPHE

The French vowels /o/ and /u/; question patterns; and the pronunciation of *vouloir, pouvoir, devoir,* and *prendre*

CD2, Track 25

A **Les voyelles françaises (suite).** The vowel sounds /o/ and /u/ are pronounced with rounded lips.

La voyelle /o/

When pronouncing the sound /o/, round your lips and keep your jaw in a firm position so as to avoid making the diphthong /ow/ that is common in English.

English	French
hotel	hôtel
tow	tôt

There are a number of spellings for this sound, including **o** (and **ô**), **au, eau.** Repeat the following words:

au bureau	beau	photo	Pauline
chaud	jaune	jumeaux	piano
nos stylos	chauffeur	vélo	météo

La voyelle /u/

The sound /u/ (spelled **ou, où,** or **oû**) is produced with rounded lips and more tension than its English equivalent, as you can hear in the following:

English	French
sue	sous
too	tout
group	groupe

Listen and repeat the following:

jour	nous écoutons	ouvert	nouvelle
août	rouge	boutique	au-dessous
cours	vous jouez	d'où êtes-vous	retrouver

CD2, Track 26

B **La combinaison /oi/.** The vowel combination **oi** (or **oy**) is pronounced /wa/. One exception to this pattern is in the word **oignon** where **oi** is pronounced like the **o** in **orange.** Listen and repeat the following:

moi	vouloir	foyer	loyer
toi	devoir	pouvoir	noir
boîte	oignon	pourquoi	froid
mois	avoir	trois	Renoir

Nom _____ Date _____ Cours _____

C **Les questions (suite).** You have already seen how intonation, the rising or falling pitch within a sentence, is used to ask yes/no questions.

a. Listen to the following questions and indicate whether the intonation rises or falls at the end.

	rising	falling
1. Tu veux sortir ce soir?	_____	_____
2. Est-ce que tu aimes faire la cuisine?	_____	_____
3. À quelle heure est-ce que le film commence?	_____	_____
4. Tu es dans mon cours de chimie, non?	_____	_____
5. Où est le concert?	_____	_____
6. Qui est à l'appareil?	_____	_____
7. Vous prenez du café?	_____	_____
8. Tu sors avec Michel, hein?	_____	_____

As explained in **Module 2,** yes/no questions such as 1, 2, 4, 7 and 8 have rising intonation. With tag questions, the intonation falls and then rises on the tag word.

Tu es dans mon cours de chimie, non?

Tu sors avec Michel, hein?

Information questions, such as 3, 5 and 6, generally have a falling intonation pattern. The question word begins at a high level but then the intonation falls.

Listen and repeat the following information questions using the patterns given above.

1. Qu'est-ce que tu fais?
2. Comment vas-tu?
3. Quelle heure est-il?
4. Pourquoi arrive-t-il en retard?
5. Quand est-ce que Nicole arrive?

b. Now listen to the intonation of the following questions and mark whether they are yes/no questions or questions that ask for information.

	oui/non	information		oui/non	information
1.	_____	_____	4.	_____	_____
2.	_____	_____	5.	_____	_____
3.	_____	_____	6.	_____	_____

CD2, Track 28

D **Singulier ou pluriel?** In this module, you were introduced to a number of frequently used irregular verbs such as **vouloir** and **prendre**. These verbs have two stems, one for the **nous/vous** form and one for the other forms. Repeat the conjugation of **vouloir**, noticing the difference between the singular and plural.

je veux	nous voulons
tu veux	vous voulez
il veut	ils veulent

The present-tense conjugation of the verb **pouvoir** is very similar. Listen and repeat.

je peux	nous pouvons
tu peux	vous pouvez
il peut	ils peuvent

Note the two stems of the verb **devoir** as you repeat the following:

je dois	nous devons
tu dois	vous devez
il doit	ils doivent

When pronouncing the forms of the verb **prendre,** contrast the nasal vowel of the singular forms with the **n** sound in the plural.

je prends	nous prenons
tu prends	vous prenez
il prend	ils prennent

Now listen to these sentences and indicate whether the verb you hear is singular or plural.

	singulier	pluriel		singulier	pluriel
1.	_____	_____	5.	_____	_____
2.	_____	_____	6.	_____	_____
3.	_____	_____	7.	_____	_____
4.	_____	_____	8.	_____	_____

Qu'est-ce qui s'est passé?

Module **6**

COMPRÉHENSION AUDITIVE

Hier

CD3, Track 2

Exercice 1. Qu'est-ce qu'ils ont fait hier? Look at the pictures to decide whether the people mentioned took part in the following activities yesterday. Indicate **oui** or **non** and then say your response out loud.

Modèle: Vous entendez: J'ai joué au foot. Et Marc?
Vous cochez: ❏ oui ☑ non
Vous dites: Il n'a pas joué au foot.

1. ❏ oui ❏ non

4. ❏ oui ❏ non

2. ❏ oui ❏ non

5. ❏ oui ❏ non

3. ❏ oui ❏ non

Activités de compréhension et de prononciation • Module 6 **173**

CD3, Track 3

Exercice 2. Une journée active. Djamel had a busy day yesterday. Listen to him describe his day and put his activities in the correct order from 1 to 5 for the morning and 1 to 5 for the afternoon.

Nouveau vocabulaire: livrer *deliver*

A. Hier matin

_____ **a.** aller à la salle de sport

_____ **b.** partir à la fac

_____ **c.** parler au téléphone avec son père

_____ **d.** lire le journal

_____ **e.** prendre le petit déjeuner

B. Hier après-midi

_____ **a.** livrer des pizzas en moto

_____ **b.** manger au restaurant avec des copains

_____ **c.** regarder les infos à la télé et parler au téléphone avec sa copine

_____ **d.** aller travailler à Pizza Hut

_____ **e.** faire ses devoirs

Comment raconter et écouter une histoire (introduction)

CD3, Track 4

Exercice 3. Au stade de foot. Djamel is at the football stadium with friends. While he and his friends are talking, he overhears a number of conversations going on around him. Before listening to the audio, read the reactions in your lab manual. Then listen to the comments and select the appropriate reaction.

1. _____   **a.** Oh là là! Qu'est-ce qu'il est bon! C'est un vrai champion.

2. _____   **b.** Oh, tu sais, c'est un problème classique de couple… Bon, alors, je t'explique…

3. _____   **c.** Vraiment? Qu'est-ce qui s'est passé?

4. _____   **d.** Vraiment? Félicitations!

5. _____   **e.** Ah oui? Tu as aimé?

Now listen to the comments and reactions.

Parlons de nos vacances

CD3, Track 5

Exercice 4. Des vacances ratées! *(A disastrous vacation!)* During the halftime, Djamel and his friend Bruno talk about Bruno's last trip in Provence. Listen to their conversation and complete the following sentences appropriately.

_____ **1.** Bruno et son amie Sophie ont trouvé une chambre…

    a. à l'hôtel des Trois Pins.

    b. chez un ami.

    c. à l'hôtel du Soleil.

_____ **2.** Les trois premiers jours,…

    a. la voiture était en panne.

    b. il a plu.

    c. ils sont allés à la plage.

_____ **3.** Pour passer le temps, Sophie et Bruno ont…

    a. lu des livres et joué aux cartes.

    b. dormi et mangé à l'hôtel.

    c. mangé dans des cafés et visité la ville.

_____ **4.** Finalement, ils ont passé quelques jours au calme…

    a. à la plage.

    b. à l'hôtel.

    c. à Paris.

CD3, Track 6

Exercice 5. Une affaire de famille. Djamel came home late after the game and his parents were worried about him.

A. In the morning, Djamel's father asks his son a lot of questions about what he did last night. Listen to their conversation and indicate whether the following statements are true (**vrai**) or false (**faux**).

1. Djamel est allé au stade de foot hier soir.   __ **vrai** __ **faux**

2. Il est allé au stade avec des copains du travail.   __ **vrai** __ **faux**

3. Ils ont pris le métro pour aller au stade.   __ **vrai** __ **faux**

4. Le match a commencé à quinze heures.   __ **vrai** __ **faux**

5. L'Olympique de Marseille a gagné 3–0.   __ **vrai** __ **faux**

6. Après le match, Djamel et ses copains sont allés dans un bar. __ **vrai** __ **faux**

B. Now Djamel's mother asks his father about Djamel's whereabouts last night. Play the role of Djamel's father and use the cues provided below to respond orally to her questions during the pause. You will hear four questions. After you answer, listen to verify.

1. aller au stade

2. non, aller au stade avec des copains de la fac

3. commencer à 20h00

4. rentrer à la maison

CD3, Track 7

Exercice 6. Projets de voyage. Djamel's parents are talking about taking a trip. Listen to their conversation and select the appropriate answers.

Nouveau vocabulaire:

une croisière *a cruise*

_____ 1. Le père pense que…

    a. sa femme et lui réagissent comme si *(as if)* Djamel avait encore 12 ans.

    b. sa femme et lui donnent trop de *(too much)* liberté à Djamel.

    c. Djamel n'a pas beaucoup grandi.

_____ 2. Les activités que le père voudrait faire pendant la croisière sont…

    a. lire des livres et visiter des ports.

    b. brunir et manger des plats exotiques.

    c. nager et maigrir.

_____ 3. Les parents de Djamel veulent partir en croisière…

    a. cet été.

    b. cet hiver.

    c. ce matin.

_____ 4. La mère veut choisir une compagnie pas trop chère parce qu'…

    a. elle n'aime pas dépenser son argent.

    b. elle ne veut pas vraiment partir en croisière.

    c. elle n'a pas réussi à économiser beaucoup d'argent.

Personnages historiques francophones

CD3, Track 8

Exercice 7. Jean-Jacques Rousseau—Chronologie de sa vie. Listen to the following short biography of Jean-Jacques Rousseau, an 18th century Swiss philosopher who lived just prior to the French and American revolutions. Complete the chart by selecting the information you hear.

Nouveau vocabulaire:

la lingère	*the washer woman*	une œuvre	*a work*
juste après	*right after*	sans	*without*
la naissance	*the birth*		

Nom:	Jean-Jacques Rousseau		
Lieu de naissance:	_____ Paris	_____ Genève	_____ Annecy
Date de naissance:	_____ 1217	_____ 1712	_____ 1772
Nationalité:	_____ français	_____ suisse	_____ belge
Profession:	_____ avocat	_____ médecin	_____ philosophe
État civil *(Marital status)***:**	_____ célibataire	_____ marié	
Ses contemporains:	_____ Sartre	_____ Voltaire	_____ Baudelaire
***Du Contrat social* parle de:**	_____ politique	_____ musique	_____ éducation
Mort:	_____ 1718	_____ 1778	_____ 1788

CD3, Track 9

Exercice 8. Petite autobiographie. Look at the autobiographical notes from Rousseau's imaginary notebook. Then, while listening to the recording, number the events, 1 through 5, in the order in which they are read. Then, listen again to the audio to check your answers.

_____ **a.** Au début de mon séjour en France, j'obtiens un petit salaire de Mme Warens en échange de mes cours de musique.

_____ **b.** Je dois partir en Angleterre, à cause de mon livre *Du Contrat social,* mais je reviens quelques années après.

_____ **c.** Puis, je rencontre Thérèse, une lingère. Nous avons des enfants ensemble mais je ne veux pas être marié.

_____ **d.** Je deviens ami avec d'autres philosophes, comme Diderot et Voltaire.

_____ **e.** J'ai seize ans, et j'habite en France; je viens de partir de Suisse où je suis né.

Now play the recording to check your answers.

Les informations et les grands événements

CD3, Track 10

Exercice 9. Les infos. Listen to the following segments from news broadcasts and assign them to the appropriate **rubrique** *(news category)*. Add one or two words you understand from each report (in English or French).

Rubriques: sport, économie, politique, art et culture, gastronomie *(cooking)*

1. rubrique: _____

   mots: _____

2. rubrique: _____

   mots: _____

3. rubrique: _____

   mots: _____

4. rubrique: _____

   mots: _____

5. rubrique: _____

   mots: _____

CD3, Track 11

Exercice 10. Habitudes quotidiennes. Listen to the following questions and respond affirmatively, using the pronoun **le, l', la,** or **les** in your response. Each response has been started for you. Then listen to check your answers.

1. Oui, les infos, je…

2. Oui, mes livres, je…

3. Oui, le musée du Louvre, je…

4. Oui, la cuisine, je…

5. Oui, mon appart, je…

Now listen to the next three questions and respond negatively, still using the pronoun **le, l', la,** or **les** in your response. Each response has been started for you. Then listen to check your answers.

6. Non, le journal télévisé, je…

7. Non, les magazines people, je…

8. Non, ma voiture, je…

PRONONCIATION ET ORTHOGRAPHE

Comparing the pronunciation of French and English cognates, listening for past-tense endings

CD3, Track 12

A **Mots apparentés.** As you have already seen, French and English have many words in common. A number of these words share a common suffix whose pronunciation differs slightly. Learning these cognates in groups will dramatically increase your French vocabulary.

■ **-tion.** English words ending in *-tion* generally have a French equivalent. French words with this suffix are always feminine. When pronouncing them, be sure to avoid producing the *sh* sound of the English equivalent.

Listen to the following words pronounced in English and then in French. Notice that in the French words, each syllable is evenly stressed.

English	French
nation	**nation**
equitation	**équitation**
pollution	**pollution**

Now repeat the following words:

la nation	l'évaluation
la réputation	la promotion
la motivation	l'institution
la caution	la fédération
l'obligation	l'organisation

■ **-ité.** Another common French ending is **-ité,** equivalent to *-ity* in English. This is also a feminine ending that refers generally to abstract ideas.

Compare the English and French pronunciation of the following words. Notice that the English words have stressed and unstressed syllables, whereas the syllables in the French words are evenly stressed.

English	French
capacity	**capacité**
morality	**moralité**
possibility	**possibilité**

Now repeat after the French model, making sure not to reduce any of the vowels. The primary stress will fall on the final syllable.

la liberté	la fatalité
l'égalité	la finalité
la fraternité	l'identité
l'amitié	la personnalité
la vérité	l'inflexibilité

■ **-isme.** The ending **-isme,** a third suffix shared by French and English, is frequently associated with social, political, and religious institutions. Words with this ending are always masculine.

Repeat the following words:

le communisme	le christianisme
le capitalisme	le libéralisme
le populisme	le socialisme
le bouddhisme	l'hindouisme

CD3, Track 13

B **Test d'orthographe.** Write out the following cognates. Each word will be read twice.

1. _____   5. _____

2. _____   6. _____

3. _____   7. _____

4. _____   8. _____

CD3, Track 14

C **Passé ou présent?** French has several cues to let you know whether a speaker is talking about the past or the present. Among these are context, adverbs (**hier, la semaine dernière, déjà**), the auxiliary verb (**être** or **avoir**), and the past participle. Because **-er** verbs are so common, the **é** sound at the end of a phrase group is an excellent cue to listen for.

Listen to the following sentences and indicate whether they are about the past or the present by selecting either **présent** or **passé.**

	présent	**passé**			**présent**	**passé**
1.	_____	_____		5.	_____	_____
2.	_____	_____		6.	_____	_____
3.	_____	_____		7.	_____	_____
4.	_____	_____		8.	_____	_____

CD3, Track 15

D **Dictée partielle** What happened Saturday evening? The selection will be read once with pauses for you to write what you hear and a second time without pauses for you to check your work.

Samedi soir, nous nous sommes bien amusés. Des copains _____ (1) et nous _____ (2) ensemble. Jacquot _____ (3) sa collection de CD et Hervé _____ (4) du vin. Moi, _____ (5) des spaghettis et une salade. On _____ (6) de la musique pendant le dîner. Puis Juliette a commencé à chanter. Jacquot _____ (7) ses CD de rock et on _____ (8). Vers une heure du matin, le vieux couple d'à côté, s'est plaint (*complained*) du bruit (*noise*). On a donc coupé la musique et tout le monde (*everyone*) _____ (9).

Module 7

On mange bien

Manger pour vivre

CD3, Track 16

Exercice 1. Les cinq groupes alimentaires. Food is a popular topic of conversation. Identify the category of the food item you hear mentioned in the sentences that follow.

	légumes	fruits	produits laitiers	viandes	céréales
1.	_____	_____	_____	_____	_____
2.	_____	_____	_____	_____	_____
3.	_____	_____	_____	_____	_____
4.	_____	_____	_____	_____	_____
5.	_____	_____	_____	_____	_____
6.	_____	_____	_____	_____	_____
7.	_____	_____	_____	_____	_____
8.	_____	_____	_____	_____	_____
9.	_____	_____	_____	_____	_____
10.	_____	_____	_____	_____	_____

Les courses: un éloge aux petits commerçants

CD3, Track 17

Exercice 2. Chez les petits commerçants. Listen to the following shopping conversations and identify where each takes place.

1. au marché _____   à l'épicerie _____   à la boulangerie _____   à la charcuterie _____

2. au marché _____   à l'épicerie _____   à la boulangerie _____   à la charcuterie _____

3. au marché _____   à l'épicerie _____   à la boulangerie _____   à la charcuterie _____

4. à la boucherie _____   à l'épicerie _____   à la boulangerie _____   à la charcuterie _____

CD3, Track 18

Exercice 3. Les ingrédients pour une bonne salade niçoise. Your housemate reads out a list of ingredients for **salade niçoise**. Indicate the items on your shopping list that you need for this dish.

_____ poivron jaune	_____ poivron vert	_____ du saumon
_____ salade	_____ riz	_____ vinaigre
_____ du thon	_____ haricots verts	_____ huile d'olive
_____ tomates	_____ moutarde	_____ citron
_____ concombre	_____ filets d'anchois	_____ jambon
_____ olives noires	_____ poivre	_____ sel

Les plats des pays francophones

CD3, Track 19

Exercice 4. Questions de famille. Lydia, an American student in sociology visiting Marseille, asks a few questions to Mathieu about food and life in general. Listen to their conversation and choose the appropriate response to complete the following sentences.

1. La famille de Mathieu _____ à 20 heures.

   a. se met à table

   b. se mettent à table

   c. réserve une table

2. La personne qui _____ toujours la table est le père de Mathieu.

   a. se met

   b. oublie

   c. met

3. Mathieu et sa famille _____ pendant le dîner.

   a. ne mettent jamais la télé

   b. mettent beaucoup de sel

   c. mettent du temps à manger

4. Mathieu pense que manger en famille _____

   a. permet de mieux se connaître et de se comprendre.

   b. est parfois ennuyeux.

   c. met de bonne humeur.

5. Pendant la semaine, Mathieu et sa famille _____ pour dîner.

   a. mettent au moins (*at least*) une demi-heure

   b. mettent au moins trois quarts d'heure

   c. mettent au moins une heure

6. Mathieu dit que, pour faire une bonne bouillabaisse, les Marseillais _____

   a. mettent beaucoup de temps et d'amour.

   b. mettent des heures.

   c. mettent des poissons de la Méditerranée et beaucoup d'amour.

Nom _____ Date _____ Cours _____

L'art de la table

CD3, Track 20

Exercice 5. Un repas en famille. The Mauger family is preparing dinner. Listen to the bits of conversation recorded here and decide whether they're logical (**logique**) or illogical (**illogique**).

_____ 1. a. logique   b. illogique   _____ 4. a. logique   b. illogique

_____ 2. a. logique   b. illogique   _____ 5. a. logique   b. illogique

_____ 3. a. logique   b. illogique   _____ 6. a. logique   b. illogique

CD3, Track 21

Exercice 6. Une petite peste! You invite your boyfriend or girlfriend for dinner with your family. Unfortunately, your little sister is misbehaving at the table. Tell her what to do or not to do in the situations you hear. Then compare your statement to the one given.

> **Modèle:** Vous entendez: Elle commence à manger avant les autres.
>
> Vous dites: *Ne commence pas à manger avant les autres.*

1. Vous dites: _____

2. Vous dites: _____

3. Vous dites: _____

4. Vous dites: _____

5. Vous dites: _____

6. Vous dites: _____

CD3, Track 22

Exercice 7. Avant de faire la commande. A couple is dining out. Listen to the first remark or question and select the most appropriate follow-up. Then listen to the response given to check your answer.

1. _____

    a. Non, je n'en ai pas.

    b. Non, je ne l'ai pas.

2. _____

    a. Je ne sais pas. Je voudrais du poisson mais je n'en vois pas.

    b. Je ne sais pas. Je voudrais le poisson mais je ne le vois pas.

3. _____

    a. Bonne idée, je vais le prendre!

    b. Bonne idée, je vais la prendre!

4. _____

    a. Oui, j'en veux bien un petit peu.

    b. Oui, je veux bien; un petit peu.

5. _____

    a. Bien sûr, je vous apporte ça tout de suite, monsieur!

    b. Bien sûr, je t'apporte ça tout de suite!

6. _____

    a. Vas-y! Je t'écoute!

    b. Vas-y! Tu m'écoutes!

7. _____

    a. Qu'est-ce que tu veux me dire?

    b. Qu'est-ce que tu nous veux dire?

Comment se débrouiller au restaurant

CD3, Track 23

Exercice 8. Qu'est-ce qu'ils disent? You are in a noisy restaurant, trying to listen to what people at the neighboring table are saying. Listen to their conversation and match what each patron asks or says with the waiter's replies.

Client	Serveur
1. _____	**a.** Je suis désolé, monsieur, nous n'avons plus de poisson.
2. _____	**b.** Non, notre couscous n'est pas très piquant.
3. _____	**c.** Oui, monsieur, il est compris.
4. _____	**d.** Très bien, un menu à 16 euros pour madame.
5. _____	**e.** Je vous conseille le rôti de porc, il est très bon.

PRONONCIATION ET ORTHOGRAPHE

Distinguishing between *du*, *des*, and *de;* la lettre *h*

CD3, Track 24

A **De / du / des.** In using partitive articles, you need to clearly distinguish **du, des,** and **de**. You have already practiced the **é** sound in **des** in **Module 4;** remember to pronounce /e/ with more muscular tension than in English. Listen and repeat.

des amis	des céréales	des entrées
des pommes	mangez des légumes	

The **u** in **du** is a high vowel that does not exist in English. A simple way to learn to pronounce this sound is to begin by pronouncing the French vowel **i** and then to round your lips. When you pronounce this sound, whose phonetic alphabet symbol is /y/, your jaws are steady and the tip of your tongue is behind your lower teeth. Remember to make a crisp sound and not to glide. Listen and repeat the following:

du	bureau	occupé	musée
musique	d'habitude	numéro	une jupe

The **e** of **de** is lower and more relaxed, similar to the *schwa* /ə/ in English. It is also called **e instable** because it is sometimes not pronounced and it contracts when followed by a vowel sound. This contraction is known as **élision.** Repeat the following:

pas de café	de la salade	trop de sucre
pas d'eau	de l'eau	une tasse de thé

In the following sentences, listen carefully for, and indicate, the article that is used:

1. _____ de   _____ du   _____ des

2. _____ de   _____ du   _____ des

3. _____ de   _____ du   _____ des

4. _____ de   _____ du   _____ des

5. _____ de   _____ du   _____ des

6. _____ de   _____ du   _____ des

7. _____ de   _____ du   _____ des

8. _____ de   _____ du   _____ des

CD3, Track 25

B **La lettre *h*.** The letter h is never pronounced in French. Listen and repeat the following:

thon	histoire	thé
cahier	maths	Nathalie
sympathique	heure	Thierry

Most French words beginning with a mute **h**, or **h muet,** are treated like words beginning with a vowel; you use the singular definite article **l'** and pronounce the liaison with the plural article **les.**

l'horaire   les hommes

In some words—generally of Germanic origin—the **h** is said to be an **h aspiré**. Although it is not actually aspirated, it acts like a consonant, blocking both **élision** and **liaison.**

le homard *(lobster)*   les haricots

Words beginning with **h aspiré** are often marked in dictionaries with an asterisk (*). A few common words with **h aspiré** are **haricot, hors-d'œuvre, hamburger,** and **huit.** Pronounce the following words with **h muet** (and liaison) or **h aspiré** (no liaison) after the speaker.

l'hôpital	les Hollandais	les hors-d'œuvre
le hamburger	l'hiver	les hôtels
dix heures	le hockey	les huit livres
l'homme	l'huile	nous habitons

CD3, Track 26

C **Dictée partielle.** Holidays are often a time for celebrating with traditional foods. Marie-Élyse talks about what happens to her diet during the holidays. This selection will be read once with pauses for you to write what you hear, and a second time without pauses for you to check your work.

Nouveau vocabulaire:

une bûche de Noël   *cake in the form of a yule log*

de la dinde   *turkey*

D'habitude, j'ai un régime modéré. _____ (1) manger _____ (2) et _____ (3) frais, _____ (4) et du yaourt. Mais pendant les fêtes de fin d'année, il est très difficile de résister à la tentation et _____ (5) beaucoup _____ (6). On _____ (7) chez ma grand-mère, chez mes tantes et aussi chez des amis, et tout le monde prépare _____ (8) exceptionnels. Il y a toujours _____ (9), de la dinde ou _____ (10), des plats avec des sauces à la crème et _____ (11), _____ (12) et naturellement, une belle bûche de Noël. C'est probablement à cause de ces excès qu'il faut prendre de bonnes résolutions _____ (13).

Souvenirs

COMPRÉHENSION AUDITIVE

Souvenirs d'enfance

CD 3, Track 27

Exercice 1. Souvenirs d'enfance. You are going to hear Florian reminisce about his childhood with his new friend Drew, an American student he met during an exchange program. Before listening to the recording, study the list of childhood memories given below. Now listen to the recording and check **vrai** (true) or **faux** (false) if the memories pertain to Florian or not.

	vrai	faux
1. Son quartier était sympa.	____	____
2. Beaucoup d'enfants habitaient près de chez lui.	____	____
3. Il aimait l'école.	____	____
4. Après l'école, il avait des leçons.	____	____
5. Il était heureux.	____	____
6. Il jouait toujours dehors, dans un jardin ou dans un parc.	____	____
7. Florian pense que les enfants d'aujourd'hui sont plus libres.	____	____

Photos sur Facebook

CD 3, Track 28

Exercice 2. Un album de classe américain. Now, Drew is showing Florian his high school yearbook. As Drew answers Florian's questions about several pictures, indicate which section of the yearbook he is describing.

1. _____
2. _____
3. _____
4. _____

    a. French club

    b. honor society

    c. student government

    d. cheerleaders

    e. most likely to succeed

    f. class trip

CD 3, Track 29

Exercice 3. Tu te souviens? Florian is now at a family gathering. He and his cousin Renato reminisce about the vacations they spent together in Provence. Before listening to their conversation, select from the elements given to complete the dialogue. Then listen to the recording to verify your answers.

1. RENATO: Est-ce que tu te souviens des vacances _____ (1. **qui, que, où**) nous avons passées à Toulon chez Tante Juliette?

2. FLORIAN: Oh oui! J'ai de très bons souvenirs de cette époque-là. Si je ferme les yeux, je peux encore voir le jardin _____ (2. **qui, que, où**) nous jouions.

3. RENATO: Qu'il était beau, ce jardin! Et tu te souviens du jour _____ (3. **qui, que, où**) nous avons pris le bus pour aller à la plage?

4. FLORIAN: Si je me souviens? C'est une aventure _____ (4. **qui, que, où**) je n'oublierai jamais (*will never forget*)!

5. RENATO: Quelle histoire! Le bus nous a laissés sur une plage et là, nous avons rencontré deux filles _____ (5. **qui, que, où**) venaient d'Italie. On a parlé, parlé, et on a oublié l'heure. Résultat: le dernier bus est parti et nous ne l'avons pas pris. On a dû téléphoner à Tante Juliette.

6. FLORIAN: Et c'est elle _____ (6. **qui, que, où**) est venue nous chercher à la plage. Elle était vraiment furieuse!

Communiquer en famille

CD 3, Track 30

Exercice 4. Autre temps, autre technologie. The way people communicate has changed a lot over the years. Listen to Florian and his grandmother talk about these differences and select the appropriate form of the verb you hear. Pay attention to the subject in order to select the correct form.

1. ____ écrivais   ____ écrivait   ____ écrivaient

2. ____ écris   ____ écrit   ____ écrivent

3. ____ lis   ____ lit   ____ lisent

4. ____ écris   ____ écrivons   ____ écrivent

5. ____ dis   ____ dit   ____ disent

6. ____ lis   ____ lire   ____ lisent

7. ____ dis   ____ dire   ____ disent

CD 3, Track 31

Exercice 5. Quel ami! Florian is a perfect friend, always doing the right thing. Listen to each question and select the appropriate pronoun to use in your answer. After the question is repeated, respond orally, always affirmatively. Then listen to the recording to verify your answers.

Modèle:	Vous entendez:	Florian donne un cadeau à son meilleur ami pour son anniversaire?
	Vous choisissez:	*lui*
	Vous entendez:	Florian donne un cadeau à son meilleur ami pour son anniversaire?
	Vous dites:	*Oui, Florian lui donne un cadeau pour son anniversaire.*
	Vous entendez:	Oui, Florian lui donne un cadeau pour son anniversaire.

1. ____ lui ____ leur ____ le ____ la ____ l' ____ les

2. ____ lui ____ leur ____ le ____ la ____ l' ____ les

3. ____ lui ____ leur ____ le ____ la ____ l' ____ les

4. ____ lui ____ leur ____ le ____ la ____ l' ____ les

5. ____ lui ____ leur ____ le ____ la ____ l' ____ les

Comment comparer (introduction)

CD 3, Track 32

Exercice 6. Brutus et Scoubidou. Florian is comparing his dog Brutus with his cousin Renato's dog, Scoubidou. Fill in $+$, $-$ or $=$ to indicate how the two dogs compared.

		Brutus	**Scoubidou**
Modèle:	petit	_____	_____+_____
1.	beau	_____	_____
2.	gentil	_____	_____
3.	patient	_____	_____
4.	méchant	_____	_____
5.	intelligent	_____	_____
6.	agréable	_____	_____

Souvenirs d'une époque

CD 3, Track 33

Exercice 7. Description ou événement? You are overhearing a few conversations taking place among some of Florian's family members. Listen and select whether the speakers are primarily discussing how things were (**description**) or what happened (**événement**).

1. description _____   événement _____

2. description _____   événement _____

3. description _____   événement _____

CD 3, Track 34

Exercice 8. Souvenirs d'enfance. Now, it is Florian's grandmother's turn to reminisce about her childhood. First, read each sentence below and select an answer. Then, listen to the sentences to check your answer.

1. Quand j(e) _____ petite, j'allais à la plage tous les dimanches avec mes parents.
   a. ai été
   b. étais
   c. ai eu

2. Pour mon septième anniversaire, mon père m' _____ un vélo.
   a. a donné
   b. donnait
   c. ai donné

3. D'habitude, j(e) _____ à l'école en bus, mais après cet anniversaire, j'y suis allée en vélo.
   a. allais
   b. suis allée
   c. suis allé

4. J(e) _____ dix-huit ans quand j'ai appris à conduire une voiture.
   a. étais
   b. avais
   c. ai été

5. J(e) _____ mon mari à la banque en 1940.
   a. ai rencontré
   b. rencontrais
   c. rencontrer

PRONONCIATION ET ORTHOGRAPHE

Prosody: Making sense of sounds in the speech stream

CD 3, Track 35

A **Joncture** *(Juncture / Dividing phrases into syllables).* When listening to French, individual word boundaries are blurred in the sound stream. One reason for this is that French groups syllables into larger sense groups which ignore word boundaries. These are called **groupes rythmiques** and are similar to English breath groups. Notice how the following sentences are divided into syllables that tend to end in a vowel.

Patrick était difficile et arrogant.   Pa | tri | ck é | tait | di | ffi | ci | le et | a | rro | gant.

Philippe aimait jouer avec un ballon.   Phi | li | ppe ai | mait | jou | er | a | ve | c un | ba | llon.

Read the following sentences to yourself and then pronounce them after the recording, using a pencil or other object to beat the rhythm of the syllables. The underlined syllable is stressed while the others aren't. Next, write down the number of syllables ending in a consonant.

Modèle: Quelle heure est-il? 4 syllables; *1* syllable ending in a consonant

1. Il est impo<u>ssible</u>.

2. Patrick est avec Ar<u>naud</u>.

3. Ma mère a deux en<u>fants</u>.

4. Elle étudie avec A<u>lex</u>.

5. _____ syllables; _____ syllable(s) ending in a consonant

7. _____ syllables; _____ syllable(s) ending in a consonant

6. _____ syllables; _____ syllable(s) ending in a consonant

8. _____ syllables; _____ syllable(s) ending in a consonant

CD 3, Track 36

B **Enchaînement consonantique** *(Consonant linking).* One of the ways French breaks up words to create syllables that end in vowels is by **enchaînement**. **Enchaînement** is the linking of the final pronounced consonant of one word to the vowel at the beginning of the next word. This is similar to **liaison,** which links normally silent consonants to the following vowel. Repeat the following phrases after the speaker, marking the links you hear. You will learn more about **liaisons** in the next module.

Repeat the following sentences after the recording, making sure that you link the consonant in bold with the following sound.

1. Patrick e**st** intelligent.

2. Ma mè**re** a les articles.

3. Ils écoutent u**ne** autre chanson.

4. Anne étudie le**s** arts.

CD 3, Track 37

C **Trouvez les groupes rythmiques.** It is important to be able to divide a stream of speech into breath groups. You can recognize these groups by paying attention to the following features:

1. The final syllable of each breath group is stressed, that is, longer and sometimes louder.

2. If the breath group is in the middle of a sentence, it is marked by a slight rise in intonation; at the end of a sentence it falls except for yes/no questions, which rise.

First, listen to the following passage, paying attention to the rhythmic groups marked with a slash (/).

J'étais un enfant/ assez solitaire/; je n'avais pas de frères/ ou de sœurs/. C'est pourquoi/ j'ai inventé un ami imaginaire/ qui s'appelait Marcus/. Marcus/ m'accompagnait partout/, mais je lui parlais seulement/ quand nous étions seuls/. Mes parents ne savaient pas que j'avais un tel copain.

Now, read along with the recording.

Finally, the last sentence is missing a slash. It should be placed between which two words?

_____ and _____

À la découverte du monde francophone

Module **9**

COMPRÉHENSION AUDITIVE

La géographie du monde francophone

CD 4, Track 2

Exercice 1. Travaillons avec Médecins sans frontières (Doctors without Borders). Pierre and his brother are joining **Médecins sans frontières**. Listen to their conversation and indicate the countries they mention as possible assignments.

_____ l'Iran	_____ le Pakistan	_____ la Colombie
_____ le Nigeria	_____ le Cambodge	_____ le Pérou
_____ la République démocratique du Congo	_____ le Cameroun	_____ le Canada
_____ le Ruanda	_____ le Mexique	_____ l'Éthiopie

CD 4, Track 3

Exercice 2. Êtes-vous fort(e) en géographie? You will hear the beginning of a statement about the geography of the **République démocratique du Congo** followed by three possible endings. Refer to the map and select **a**, **b**, or **c** to complete each statement accurately.

	a	b	c
1.	_____	_____	_____
2.	_____	_____	_____
3.	_____	_____	_____
4.	_____	_____	_____
5.	_____	_____	_____
6.	_____	_____	_____

Now listen and check your answers.

Comment comparer (suite)

CD 4, Track 4

Exercice 3. Une discussion entre francophones.
Representatives of various francophone countries meet at a dinner and are discussing their countries. Listen to their comments and then indicate whether each statement is **vrai** or **faux**.

Nouveau vocabulaire:

l'Europe occidentale   *Western Europe*
désertification   *desertification*

	vrai	faux
1. La Suisse a autant de francophones que de Suisses-Allemands.	——	——
2. Il y a beaucoup moins de gens qui y parlent italien.	——	——
3. Montréal est la plus grande ville du Canada.	——	——
4. L'atmosphère à Montréal est semblable à l'atmosphère à Toronto.	——	——
5. La plus grande quantité de diamants industriels se trouve en Afrique du Sud.	——	——
6. La République démocratique du Congo est aussi grande que l'Europe occidentale.	——	——
7. Il y a moins de forêts au Sénégal qu'avant à cause de la désertification.	——	——
8. Au Sénégal, le désert est moins vaste qu'avant.	——	——

Les moyens de transport

CD 4, Track 5

Exercice 4. De quel moyen de transport parlent-ils?
Listen to the conversations and indicate which means of transportation the following people are talking about. There is **one means of transportation** that **cannot** be used!

Nouveau vocabulaire:

une grève   *a strike*

1. Paul voulait voyager _____.

2. Armelle et Julien voyagent _____.

3. Karim et Catherine voyagent _____.

4. Jacques et Marion voyagent _____.

5. Étienne voyage _____.

6. Éric et Christine vont voyager _____.

a. à pied

b. à vélo

c. en bateau

d. en voiture

e. en avion

f. en métro

g. en train

Activités de vacances

CD 4, Track 6

Exercice 5. Quelques conseils avant de partir. Denis and his friend Jean-Marc talk about the city of Québec.

A. Listen to their conversation once and select the correct response.

1. Jean-Marc parle surtout (especially) _____.
   a. des quartiers historiques et de la cuisine de Québec
   b. de l'université et des hôtels à Québec
   c. du fleuve et des festivals à Québec

2. Denis ne peut pas faire tout ce que (all that) Jean-Marc décrit parce qu'il doit _____.
   a. rendre visite à sa cousine
   b. travailler
   c. étudier

Check now to see if you got the main ideas.

B. Listen again and complete each sentence with the best answer.

1. Jean-Marc connaît cette ville parce qu(e) _____.
   a. il y habite
   b. il l'a visitée
   c. sa cousine y est étudiante

2. Le plat typique québécois est _____.
   a. des frites qu'on mange en discothèque
   b. du fromage qu'on mange au restaurant La Belle Province
   c. la poutine: des frites avec du fromage et de la sauce

3. Québec est une ville où on parle français parce qu(e) _____.
   a. Samuel Champlain l'a fondée au dix-septième siècle.
   b. la ville est très ancienne
   c. il y a de bons restaurants, comme La Belle Province

Listen to check your answers

CD 4, Track 7

Exercice 6. Vacances d'hiver. Mylène is going to snowboard for the first time. Her friend Moustaffa tries to answer her questions. Listen to their conversation, then complete the following sentences.

1. Mylène demande à Moustaffa de l'aider à choisir sa planche parce qu'elle _____.

   a. ne sait pas ce qu'elle doit prendre

   b. ne sait pas pourquoi les planches sont différentes

2. Moustaffa ne connaît pas _____.

   a. d'autres magasins où acheter des planches moins chères

   b. d'autres magasins où acheter des gants moins chers

3. Mylène ne sait pas _____.

   a. comment mettre ses skis

   b. faire du ski

4. Moustaffa pense qu'_____.

   a. on n'a pas besoin de savoir faire du ski pour faire du snowboard

   b. on a besoin de savoir faire du ski pour faire du snowboard

5. Mylène veut savoir _____.

   a. comment mettre ses deux pieds sur la planche

   b. ce qu'elle doit faire quand elle tombe

6. Mylène _____.

   a. connaît un bon instructeur

   b. veut prendre un cours de snowboard

Relisez chaque réponse à voix haute *(out loud)* puis écoutez pour vérifier votre réponse.

Comment organiser un voyage

CD 4, Track 8

Exercice 7. À l'agence de voyages. You are filling in for a friend who works at a travel agency. You answer the phone and take down client information on the form she left you so she can return the calls later. You will hear the conversation twice.

Nom _____

No. de téléphone _____

Destination finale _____

Date prévue _____

Moyens de transport pour arriver à destination: avion _____ train _____ voiture _____

Logement: appartement: oui _____ non _____ hôtel: oui _____ non_____

Location de voiture: oui _____ non _____

PRONONCIATION ET ORTHOGRAPHE

Liaison; pronunciation of *s* and *r*

CD 4, Track 9

A Liaison. Some final letters that are normally silent are pronounced when the following word begins with a vowel. This is called **liaison**, a phenomenon that links words together in phrases as in the following examples.

articles	**pronoms sujets**
les étudiants	vous êtes
un examen	ils ont
les enfants	on aime
un avocat	elles habitent
un homme	nous allons

adverbes et adjectifs	**verbe *être***
très important	c'est important
mon appartement	il est ici
le petit enfant	elle est anglaise
de bonnes idées	

CD 4, Track 10

B La lettre *s*. As you can hear in the word **saison**, the letter s may be pronounced /s/ or /z/, depending on the sounds that surround it. Note how the two pronunciations of **s** result in a clear differentiation of the meaning of the following pairs:

/s/	/z/
le dessert	le désert
le poisson	le poison
ils sont	ils ont

Listen to the words or phrases and indicate whether you hear /s/ or /z/.

/s/	/z/
1. _____	_____
2. _____	_____
3. _____	_____
4. _____	_____
5. _____	_____
6. _____	_____

The letter **s** is pronounced /s/ at the beginning of a word and when it is followed by another **s**. Repeat the following words:

ma sœur	suisse	la salle de classe	faire du ski
la savane	ils sont	ils savant	le saucisson
le sud	le poisson	nous sommes	une salade

When the letter **s** is between two vowels or followed by **e**, it is pronounced /z/. Note the liaison in the words of the final column. Repeat the following words:

valise	cuisine	musée	les autres
réserver	amusant	désolé	nous habitons
casino	nerveuse	quelque chose	vous aimez

CD 4, Track 11

C **La consonne r.** The standard French **r** sound is made in the back of the throat at the uvula. Listen and compare the English–French pairs below.

English	**French**
rose	**rose**
metro	**métro**
crab	**crabe**

To articulate this French **r**, keep the tip of your tongue behind your lower teeth and raise the back of your tongue enough to allow a small amount of air to pass through. Now listen and repeat the following. The **r** sounds in the first column should be easier to pronounce. Use these words for practice:

grand	très	rural	nord
craie	train	averse	région
gros	métro	rentrer	désert
agricole	transport	partir	rapide

The uvular pronunciation of **r** is relatively modern; prior to the eighteenth century, the **r** was rolled with the tip of the tongue. The **r roulé**, similar to that used in Spain and Italy, continues to be used in many French-speaking areas of the world today such as southern France, Canada, and Africa.

Listen to the following words pronounced first by an African speaker and then by a Parisian.

Je préfère les robes rouges.
Le frère de mon ami Richard est vraiment nerveux.

CD 4, Track 12

D **Un rêve bizarre.** Listen to Suzanne tell about a very strange dream she had recently. Listen and fill in the blanks with the words you hear.

Vous _____ (1) l'histoire d'Alice au pays des merveilles (*Alice in Wonderland*)? Eh bien, dans

mon rêve, je suis en Afrique dans le _____ (2), avec Alice et sa sœur. Nous sommes dans

une oasis et nous mangeons _____ (3) au chocolat. Alice est très heureuse parce qu'elle a vu

_____ (4) dans la piscine de l'hôtel. Je demande à mes amies si _____ (5) com-

ment _____ (6) un chameau (*camel*), le seul moyen de _____ (7) disponible

(*available*) dans cet _____ (8). Alice veut répondre mais soudain, _____

(9) devient très noir, _____ (10) éclate (*breaks*) et je me réveille! Quel rêve bizarre!

La maison et la routine quotidienne

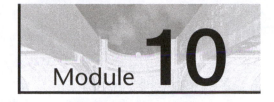

Module **10**

La vie de tous les jours

CD4, Track 13

Exercice 1. Activités logiques. Keïko is describing several activities of her daily routine. If the actions she describes are in logical order, check **oui**. If not, check **non**.

1. ❏ oui ❏ non   4. ❏ oui ❏ non

2. ❏ oui ❏ non   5. ❏ oui ❏ non

3. ❏ oui ❏ non   6. ❏ oui ❏ non

CD4, Track 14

Exercice 2. Tout le monde est debout! Keïko and her friend Fatima live in an apartment complex. Look at what they and their neighbors are doing.

A. Listen to the description of the residents' activities and write down the name that corresponds to the appropriate image.

Noms des personnes:

Keïko   Fatima   Monsieur Raoul   Mme Jeannot   Mme Ansèle et Julien

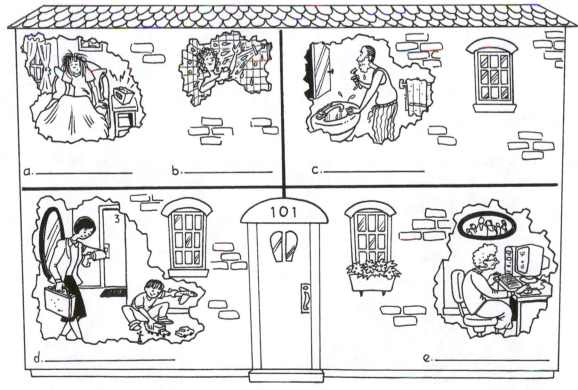

a. _____   b. _____   c. _____

d. _____   e. _____

© Cengage Learning

B. You will hear a few questions asking you about these people's activities. Say your response out loud and write down your answer in full sentences according to the picture. Listen to the answer to check your work.

> **Modèle:** Vous entendez: Qui se réveille?
>
> Vous dites et écrivez: *Keïko se réveille*
>
> Vous vérifiez: Keïko se réveille.

1. _____

   _____

2. _____

   _____

3. _____

   _____

4. _____

   _____

5. _____

   _____

CD4, Track 15

Exercice 3. Le soir à la résidence. Keïko's boyfriend, Pascual, lives in a dorm. Listen to him talk about the evening activities there and decide whether the action described happens routinely (**d'habitude**, expressed in the present tense) or if it occurred yesterday (**hier, passé composé**). Indicate **d'habitude** or **hier** as appropriate.

1. d'habitude _____   hier _____

2. d'habitude _____   hier _____

3. d'habitude _____   hier _____

4. d'habitude _____   hier _____

5. d'habitude _____   hier _____

6. d'habitude _____   hier _____

La maison, les pièces et les meubles

CD4, Track 16

Exercice 4. La maison de Keïko. Keïko is describing the different rooms in the house she shares with her two friends. Identify each part of the house she describes.

1. _____   **a.** la salle de séjour

2. _____   **b.** la cuisine

3. _____   **c.** la salle à manger

4. _____   **d.** la chambre

5. _____   **e.** la salle de bains

                f. le garage

                g. les W.-C.

                h. la terrasse

Les tâches domestiques et les gestes écolos

CD4, Track 17

Exercice 5. Tous au travail! Keïko is at her parents' home for the weekend. They have guests coming over tonight and the house needs to be clean and tidy. Indicate the letter of the element that completes the statements you hear.

Nouveau vocabulaire:

les poils de chat   *cat hair*

1. _____   **a.** la vaisselle

2. _____   **b.** recycler

3. _____   **c.** faire ton lit

4. _____   **d.** une lessive

5. _____   **e.** passer l'aspirateur

Comment trouver le mot juste

CD4, Track 18

Exercice 6. Une soirée animée. The evening is very lively. You will hear several bits of conversations that are taking place. Complete each one with an appropriate expression, as in the model. The conversation will be repeated for you to verify your answer.

Modèle: Vous entendez: — Alors, Jessica, les affaires vont bien?

— Très bien! La semaine dernière, j'ai signé un contrat avec un client important et j'ai reçu une promotion hier!

Vous choisissez: *d. Chapeau!*

1. _____   **a.** Amusez-vous bien!

2. _____   **b.** Bon anniversaire!

3. _____   **c.** Bonne nuit!

4. _____   **d.** Chapeau!

5. _____   **e.** Bon appétit!

f. Bon courage!

Comment se plaindre

CD4, Track 19

Exercice 7. Stéphane et Annick

A. During the evening, Keïko gets caught in the middle, as both Annick and Stéphane complain to her about each other! Listen first to Annick as she talks about her boyfriend Stéphane and indicate which statements describe him.

Nouveau vocabulaire:

à la lueur des chandelles   *by candlelight*
gêner   *to bother*

_____ Il n'a pas d'amis.

_____ Il n'a rien en commun avec Annick.

_____ Il aime le jazz.

_____ Il prépare souvent des dîners romantiques.

_____ Il ne fait plus la vaisselle.

_____ Il fait le ménage.

_____ Il préfère travailler dans le jardin.

_____ Il regarde souvent la télé.

B. Now listen to Stéphane, as he describes Annick. Indicate which statements are true according to Stéphane.

_____ Elle passe trop de temps à ranger la maison.

_____ Elle passe trop de temps devant la télévision.

_____ Elle ne fait jamais la lessive.

_____ Elle a refusé d'aller à la plage.

_____ Elle n'aime plus rester à la maison.

_____ Elle ne veut sortir avec personne.

CD4, Track 20

Exercice 8. Une mauvaise journée.
Paulette, Keïko's best friend, is complaining to her about her awful day. Listen to the beginning of Paulette's complaints and then select the appropriate ending for each from among the options given. Finally, listen again to hear all of Paulette's complaints and check your answers.

1. _____   **a.** Ça m'énerve!

2. _____   **b.** J'en ai marre, je n'arrive pas à me concentrer!

3. _____   **c.** Je n'en peux plus, je vais aller chez le coiffeur!

4. _____   **d.** J'ai vraiment trop de travail!

CD4, Track 21

Exercice 9. Ne t'inquiète pas... Keïko is now trying to comfort her friend. Select the most appropriate response. Then listen to check your answers.

_____ 1. **a.** Oui, c'est vrai, tu es très nulle.

        b. Mais non, ça arrive à tout le monde, ce n'est pas grave.

        c. Allez, bonne nuit et fais de beaux rêves!

_____ 2. **a.** Ne t'en fais pas, ça va s'arranger. Tu peux demander de l'argent à tes parents?

        b. Dommage… les parents sont difficiles, hein?

        c. Je ne peux pas y aller avec toi, mais amuse-toi bien.

_____ 3. **a.** Tu as ni le temps ni l'argent.

        b. Courage! La vie en communauté est parfois difficile.

        c. Écris-moi un courriel si tu as le temps!

_____ 4. **a.** Remets-toi vite et bois beaucoup d'eau!

        b. Félicitations. Tu es la meilleure étudiante de la classe.

        c. Oh là là, ma pauvre! Tu as vraiment beaucoup de travail!

PRONONCIATION ET ORTHOGRAPHE

The vowels /i/ and /y/; the letters *c* and *g* and the letter combination *qu;* and liaison (suite)

CD4, Track 22

A **Les voyelles *i* et *u*.** As you have already seen, vowels in French are produced with greater tension than English vowels. Another characteristic of the vowels **i** and **u** is their height; they are produced with the back of the tongue quite near the roof of the mouth. Compare, for example, the English name Lee and the French word **lit** with its higher vowel.

Lee   lit

Identify the words you hear as either being English or French.

1. anglais ___   français ___

2. anglais ___   français ___

3. anglais ___   français ___

4. anglais ___   français ___

5. anglais ___   français ___

In the case of /y/, a sound which has no English equivalent, the height of the vowel is most clear when contrasted with French words containing the combination **ou**. This contrast in sound also results in a change of meaning. Repeat the following pairs, making sure to raise the height of your tongue as you pronounce /y/.

sous	su	tout	tu	loue	lu
vous	vu	doux	du	nous	nu

Now repeat the following phrases, paying particular attention to the high vowels.

ils lisent	vous avez lu	ils écrivent
tu as lu	nous avons dit	elle a répondu
tu dis «oui»	Qui a dit «Salut»?	j'ai écrit un livre

CD4, Track 23

B Les lettres *c* et *g*. The letters **c** and **g** have two pronunciations, one "hard" and one "soft," depending primarily on the letters that follow.

When followed by **a, o, u,** or another consonant, **c** and **g** have a hard sound, as in the following words.

comme	goût	cours	golf
canapé	figure	cuisine	guerre
cuillère	grand	gâteau	classe

When followed by **e, i,** or **y,** they have a soft sound. Repeat after the model.

voici	gens	centre	intelligent
cerise	il gèle	généreux	célèbre
Cyrano	linge	accident	régime

CD4, Track 24

C La combinaison *qu*. The letter combination **qu** is usually pronounced with a hard **k** sound in French. Repeat the following after the speaker.

quand	quelque	quartier	quantité
qui	bibliothèque	se maquiller	Monique
que	quotidien	question	quitter

CD4, Track 25

D Liaison (suite). In **Module 9**, you were introduced to the linking phenomenon known as **liaison**, in which a usually silent consonant at the end of a word is pronounced when the word that follows it begins with a vowel sound.

des hommes   ils ont   mon petit ami

Because a **liaison** joins words in groups, it is found in numerous fixed expressions. Repeat the following expressions, making the **liaison** as indicated.

de moins en moins	de plus en plus	les États-Unis
tout à fait	tout à l'heure	bon anniversaire
vingt ans	petit à petit	je vous en prie
comment allez-vous	l'accent aigu	de temps en temps

Note, as you repeat after the speaker, that there is never a **liaison** after **et**.

français et anglais   Paul et Isabelle   vingt et un
          X   X   X

Voyager en France

COMPRÉHENSION AUDITIVE

Paris, j'aime!

CD4, Track 26

Exercice 1. Paris-Visite. You are about to hear the guide on the **Paris-Visite** tour bus point out famous Parisian sites. Using the map as a visual aid, listen and indicate the name of the monuments in the order in which they are mentioned.

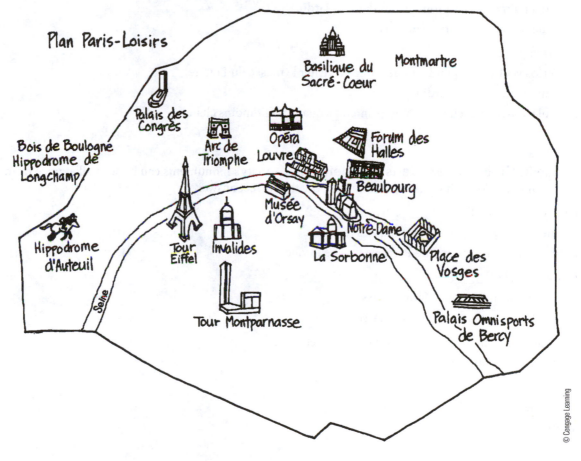

Plan Paris-Loisirs

Basilique du Sacré-Coeur — Montmartre — Palais des Congrès — Bois de Boulogne Hippodrome de Longchamp — Arc de Triomphe — Opéra — Louvre — Forum des Halles — Beaubourg — Musée d'Orsay — Notre-Dame — Hippodrome d'Auteuil — Tour Eiffel — Invalides — La Sorbonne — Place des Vosges — Tour Montparnasse — Palais Omnisports de Bercy — Seine

© Cengage Learning

Monument n° 1: _____

Monument n° 2: _____

Monument n° 3: _____

Monument n° 4: _____

Monument n° 5: _____

Monument n° 6: _____

CD4, Track 27

Exercice 2. Pas d'accord. Paula and Carlos, who traveled from their home in the south of France to visit Paris, are ill-matched travel companions. Listen to their conversation as they plan their visit in Paris, and select the statement that correctly applies to each site.

1. le musée Picasso: _____
   a. Il se trouve à côté de l'Hôtel salé.
   b. Carlos n'aime pas Picasso.
   c. Ils ont déjà visité un musée Picasso.

2. le musée du Louvre: _____
   a. Paula ne l'a jamais visité.
   b. Carlos n'aime pas la pyramide de Pei.
   c. Carlos ne veut pas attendre pendant des heures pour avoir un billet.

3. la maison de Victor Hugo: _____
   a. Paula n'aime pas visiter les maisons des écrivains parce qu'elle n'aime pas la littérature.
   b. Paula n'aime pas les promenades dans les jardins.
   c. Paula n'aime pas prendre un verre.

4. Giverny: _____
   a. Carlos veut y aller pendant que Paula va visiter le musée du Louvre.
   b. Paula n'aime pas les jardins.
   c. Paula aimerait mieux le voir au printemps quand il fait moins chaud.

CD4, Track 28

Exercice 3. Un beau parc dans une belle ville. A city's monuments can be seen all at once from up high. Listen to the following description and choose the correct answer.

1. Du parc de Belleville, on a _____.
   a. une vue magnifique de Paris sans les touristes
   b. vraiment l'impression que Paris est une belle ville

2. La tour Eiffel est _____.
   a. plus petite que la tour Montparnasse
   b. plus haute que la tour Montparnasse

3. On repère facilement _____ parce qu'il est bleu et rouge.
   a. le musée Beaubourg
   b. le Panthéon

4. Le tombeau (tomb) de Napoléon se trouve _____.
   a. aux Invalides
   b. au Panthéon

5. Le Panthéon est _____.
   a. un grand temple où sont enterrés (burried) les plus grands intellectuels français
   b. un musée où sont conservés les livres de Rousseau et de Voltaire

Comment se repérer en ville

CD4, Track 29

Excercice 4. Pardon, monsieur. Je cherche… A tourist just finished shopping at the Galeries Lafayette. Now, he is receiving directions on how to get to his next destination. Where does he want to go? Listen to the directions and choose from the following destinations: **la gare Saint-Lazare, l'Hôtel de Ville, le Palais de l'Élysée, le musée du Louvre, le musée d'Orsay,** and **l'Opéra.**

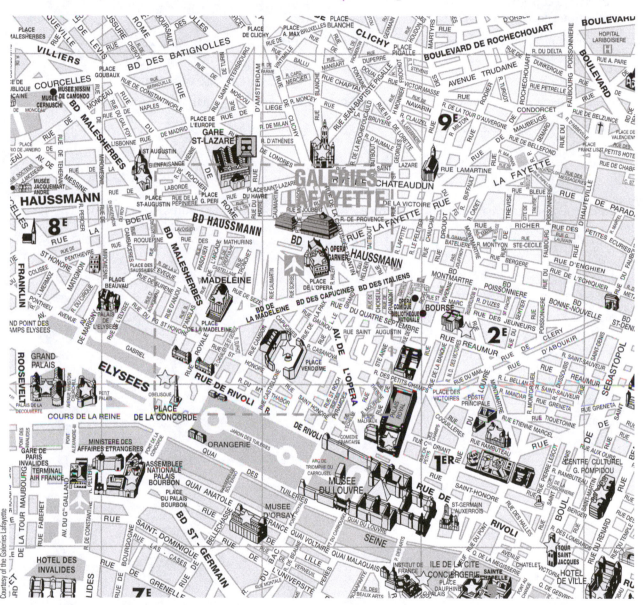

Sa destination: _____

Voyager pas cher

CD4, Track 30

Exercice 5. Voyager pas cher. Listen to the following suggestions for saving on museum visits and mark the correct answers.

Nouveau vocabulaire:

accès libre et prioritaire *priority access*
collections permanentes *permanent collections*

1. La Carte musées et monuments offre la possibilité de visiter _____.

   a. le château de Versailles

   b. la Bibliothèque Nationale

   c. les collections permanentes de 65 musées et monuments de la région parisienne

2. Cette carte offre _____ options.

   a. 2

   b. 3

   c. 4

3. Une carte pour une visite de trois jours coûte _____ euros.

   a. 12

   b. 32

   c. 25

4. On ne peut pas acheter cette carte _____.

   a. dans un bureau de poste

   b. dans les musées et monuments

   c. dans les principales stations de métro

5. Avec cette carte, vous pouvez _____.

   a. entrer directement dans un musée

   b. avoir des réductions dans les librairies

   c. dépenser beaucoup d'argent

Comment réserver une chambre d'hôtel

CD4, Track 31

Exercice 6. Oui, il y a de la place. Luc and Mathias are trying to find a youth hostel where they can stay in Paris. They call a hostel a friend recommended to see if there's room. Fill out Luc's missing notes.

Nouveau vocabulaire:

un couvre-feu   *a curfew*

Auberge d'Artagnan

1. Ils ont de la place pour _____ personnes.

2. La réception reste ouverte jusqu'à _____ .

3. L'adresse est _____ Vitrave.

4. C'est près de la gare _____ .

5. Il faut prendre la ligne de métro numéro _____ .

6. Le prix, c'est _____ par nuit.

7. L'auberge reste ouverte _____ .

Explorons la France

CD4, Track 32

Exercice 7. À la découverte d'Aix! As a tour bus approaches Aix-en-Provence, the guide begins lauding its virtues. Listen to the recording and indicate whether the following statements are true or false.

Nouveau vocabulaire:
une fontaine   *a fountain*

	vrai	faux
1. La Provence attire surtout les touristes japonais.	❏	❏
2. La Provence a des ruines romaines célèbres.	❏	❏
3. Marseille est l'ancienne capitale de la Provence.	❏	❏
4. Aix-en-Provence a une ancienne cathédrale, mais pas d'université.	❏	❏
5. De grands arbres protègent du soleil l'avenue qui s'appelle le cours Mirabeau.	❏	❏
6. Aix-en-Provence est aussi appelée la ville aux belles fontaines.	❏	❏
7. La célèbre fontaine des Quatre Dauphins date de 1557.	❏	❏
8. Le festival de musique d'Aix se passe pendant le mois de juin.	❏	❏
9. Paul Cézanne a peint la montagne Sainte-Victoire près d'Aix.	❏	❏

Les symboles de la France et l'identité nationale

CD4, Track 33

Exercice 8. Révisions de dernière minute. Fatima and Juan are reviewing for their French exam. Juan has a hard time remembering all the French symbols so Fatima helps him. Listen to their conversation and check if the following statements are true (**vrai**) or false (**faux**).

	vrai	faux
1. Juan croit qu'il y a deux symboles français: le drapeau et la Marseillaise.	❏	❏
2. Juan dit que la devise française est «Liberté, égalité, fraternité».	❏	❏
3. Les Parisiens veulent changer le nom de la Marseillaise et l'appeler la Parisienne.	❏	❏
4. Fatima croit que les Français devraient (*should*) connaître les paroles de la Marseillaise.	❏	❏
5. Fatima dit que la Marseillaise parle de courage, de gloire et de liberté.	❏	❏
6. Marianne représente les valeurs de la démocratie.	❏	❏

PRONONCIATION ET ORTHOGRAPHE

Pronouncing future-tense endings; the nasal vowels /ɔ̃/ and /ɑ̃/; producing /p, t, k/ without aspiration

CD4, Track 34

A Le futur. You have already seen that French vowels are produced with more tension. When pronouncing verbs conjugated with **je** and **vous** in the future tense, the final vowel must be tense and high.

The endings of the following verbs are pronounced the same. Listen and repeat.

je parlerai	vous parlerez
j'irai	vous irez
je prendrai	vous prendrez
je ferai	vous ferez
je serai	vous serez

CD4, Track 35

B **Les voyelles nasales /ɔ̃/ et /ɑ̃/.** The **nous** form of the future ends with the nasal vowel /ɔ̃/. This sound corresponds to the written letters **on** and **om** found in words such as **bon, ton,** and **compact.** To produce this sound, round your lips as you would to pronounce **beau**; put the tip of your tongue against your lower teeth and raise the back of your tongue towards the soft part of the roof of your mouth (the soft palate). Now let the air escape through your mouth and through your nose. Repeat the following words after the speaker.

bon	iront
parlerons	son
arriverons	compterons
chantons	non

If you try to produce the nasal vowel /ɔ̃/ without rounding your lips, you will produce the nasal vowel /ɑ̃/. This sound corresponds to the written letter combinations **an, am, en,** and **em** found in words such as **chambre, vent,** and **sans.** It is produced with the tip of the tongue against the lower teeth, but with the lips spread instead of rounded.

Pronounce the following words that contain the sound /ɑ̃/.

an	vent
chante	prudent
lent	rendent
tante	sans

It is important to be able to discriminate between the /ɔ̃/ and the /ɑ̃/, as this can make a difference in the word you hear. Look at the following word pairs and circle the one that is pronounced.

/ɑ̃/ **(tante)**	/ɔ̃/ **(non)**
1. vent	vont
2. sans	son
3. ayant	ayons
4. parlant	parlons
5. lent	long
6. tant	ton
7. étudiant	étudions

CD4, Track 36

C **Les consonnes p, t, k.** When you pronounce the consonants **p, t,** and **k,** in English you produce a puff of air. This can be demonstrated by holding a piece of paper loosely up to your mouth and saying "paper"; the puff of air will make the paper wave. There is no such aspiration in French. Listen to the recording of the following English words produced with a French accent: *paper, papa, important, car, table, took.*

Now repeat after the speaker.

papa	Tu t'appelles comment?	Pourquoi tu poses cette question?
pourquoi	quand	Papa m'a parlé de toi.
qualité	tard	Tu ne peux pas parler?
tante	question	

CD4, Track 37

D **Dictée partielle** After graduation, Alissa will go visit Strasbourg for a month. Listen and fill in the blanks with the words you hear.

En juillet, Alyssa _____ (1) un mois dans la capitale de l'Alsace, qui est aussi la capitale

de l'Europe. Son copain Jason et elle visiteront le Parlement européen et le Palais des Droits de l'Homme. Ils

_____ (2) sûrement beaucoup de choses sur les institutions

européennes. Mais ils _____ (3) que des choses sérieuses: ils s'amuseront aussi. Ils

_____ (4) de la choucroute et _____ (5) de la bonne bière et aussi

du bon vin blanc. Ils logeront dans _____ (6), c'est moins cher. S'ils oublient leur guide

ou _____ (7), ils pourront _____ (8) à l'office du tourisme. Stras-

bourg est _____ (9) animée où il y a plein de choses à faire.

Les jeunes face à l'avenir

Module 12

Le système éducatif français

CD5, Track 2

Exercice 1. Les jeunes et l'éducation. Listen to what the following young people of different ages say about their schools. Then select the option that best completes each sentence below.

> **Nouveau vocabulaire:**
> assis par terre   *seated on the floor*
> redoubler   *to repeat a year*

1. Emilio, 17 ans
   Emilio n'est pas prêt *(ready)* à _____.
   a. aller au lycée
   b. choisir ce qu'il va faire dans la vie
   c. étudier beaucoup de matières

2. Mehdi, 20 ans
   Mehdi pense qu(e) _____.
   a. il y a trop d'examens dans l'année
   b. il y a trop d'étudiants dans les cours
   c. les profs aident beaucoup trop les étudiants

3. Claire, 21 ans
   Si Claire ne réussit pas au concours d'entrée pour l'École Normale Supérieure, elle ira _____.
   a. passer le bac
   b. à la fac
   c. en prépa

4. Raïssa, 23 ans
   Raïssa a dû beaucoup travailler pour être sélectionnée parce qu(e) _____.
   a. il y avait plus d'étudiants que de places
   b. elle est nulle en anglais
   c. le programme d'échange Erasmus donne préférence aux étudiants d'Espagne

CD5, Track 3
Exercice 2. T'étudies où?

A. Listen to the following four individuals and match their description with the school they attend. **There is one extra school that cannot be matched.**

1. _____   **a.** l'école maternelle

2. _____   **b.** le collège

3. _____   **c.** le lycée

4. _____   **d.** l'université

                          e. une grande école

B. Listen to the recording a second time and select the answer that best completes the statement about each of the four individuals.

1. Ce que Lise aime à la fac, c'est _____.
   a. le nombre d'étudiants dans ses cours
   b. ses cours et ses profs
   c. l'emploi du temps

2. Ce que Sophie aime faire à l'école, c'est _____.
   a. dessiner et compter
   b. jouer avec ses copines
   c. chanter

3. Ce qui est stressant pour Claudine, c'est _____.
   a. les professeurs stricts
   b. ne pas voir ses ami(e)s
   c. réviser les maths et les sciences pour le bac

4. Ce qui était le plus difficile pour Luc l'année dernière, c'était _____.
   a. d'avoir des activités en dehors de l'école et d'étudier en même temps
   b. le travail en prépa pour entrer à l'École Polytechnique
   c. de jouer au tennis

Comment «parler jeune»

CD5, Track 4

Exercice 3. Mais de quoi parlent-ils? As you hear the following six short conversational exchanges, indicate the number of each conversation by the image that corresponds to what you hear.

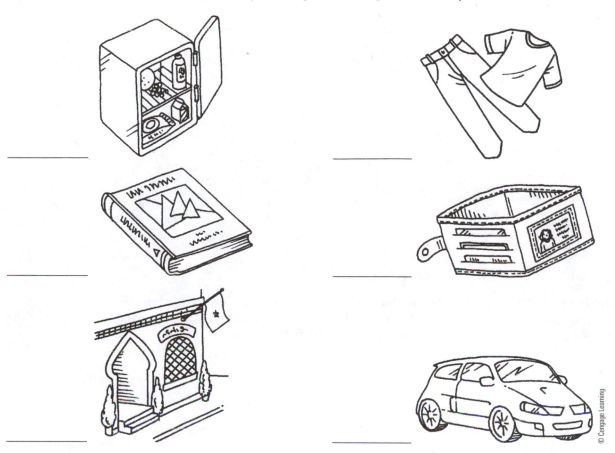

_____   _____

_____   _____

_____   _____

CD5, Track 5

Exercice 4. En boîte. Alex and Rémi go out to a club with their friends, Catherine and Annie. Listen to their conversation and identify the topic that each statement is about.

1. _____   **a.** une fille qui semble très jeune

2. _____   **b.** un film

3. _____   **c.** une fille qui danse mal

4. _____   **d.** les copains

5. _____   **e.** des filles qui ont de beaux vêtements

6. _____   **f.** un jeune homme potentiellement intéressant

                                                  g. une chanson drôle

La mode–tendances

CD5, Track 6

Exercice 5. Des cadeaux à porter. Alex wants to buy his girlfriend some clothes for her birthday. Identify the article of clothing he's discussing and indicate the corresponding letter in the blank.

a.    b.    c.

1. _____
2. _____
3. _____
4. _____
5. _____
6. _____

d.    e.    f. 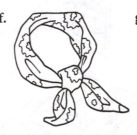   g.

© Cengage Learning

CD5, Track 7

Exercice 6. Préparations pour le week-end. Amélie has been invited to spend the weekend at her boyfriend's country house. She's frantically getting ready. Select the option that best completes each part of the conversation. Then listen to the complete dialogue to verify your answers.

1. _____
   a. Oui, je te le prête.
   b. Oui, je te la prête.

2. _____
   a. Tu les leur as laissées dans le jardin.
   b. Tu les as laissées dans le jardin.

3. _____
   a. Bonne idée! Je te la rendrai lundi!
   b. Bonne idée! Je te le rendrai lundi!

4. _____
   a. Oui, je pense que tu peux la leur offrir.
   b. Oui, je pense que tu peux leur en offrir.

Comment faire des achats

CD5, Track 8

Exercice 7. Une affaire ratée! Stéphanie and her husband Guy are at the **Marché aux puces,** the Paris flea market. First, read the questions that follow. Then, listen to their conversation and answer the questions.

Nouveau vocabulaire:

marchander	*to bargain*
le marché aux puces; les puces	*flea market*
rater	*to fail (fam), "to blow it"*
vilain(e)	*ugly*

_____ 1. Qu'est-ce que Stéphanie veut acheter?

    a. une table

    b. des chaises

    c. une table et des chaises

_____ 2. Qu'est-ce qu'elle veut faire pour avoir un bon prix?

    a. attendre

    b. marchander

    c. demander à Guy de marchander

_____ 3. Combien coûtent les chaises au début?

    a. trois cent cinquante euros

    b. cinquante euros

    c. trois cents euros

_____ 4. Est-ce que la marchande offre un meilleur prix?

    a. oui

    b. non

_____ 5. Est-ce que Stéphanie décide de les prendre à ce prix?

    a. oui

    b. non

_____ 6. Qu'est-ce qu'elle demande à Guy de faire?

    a. d'aller les acheter pour elle

    b. d'aller marchander encore plus pour obtenir un meilleur prix

    c. d'aller dans un autre magasin avec elle

_____ 7. Pourquoi ne retourne-t-elle pas à la boutique elle-même?

    a. elle pense qu'elle trouvera de plus belles chaises dans un autre magasin

    b. elle pense qu'il est ridicule de payer si cher pour deux chaises

    c. elle se sent ridicule de ne pas avoir accepté l'offre

CD5, Track 9

Exercice 8. Trop cher!

A. Listen to the conversation between Mariam and the saleswoman in a clothing store and then indicate whether each statement is **vrai** or **faux**.

Nouveau vocabulaire:
vilain(e)   *ugly*

	vrai	faux
1. Mariam fait du 14.	❑	❑
2. La vendeuse a deux modèles, le look tube et le look western.	❑	❑
3. Mariam aime bien la jupe mais elle n'aime pas la couleur.	❑	❑
4. Mariam essaie le modèle en noir.	❑	❑
5. La vendeuse pense que la jupe ne va pas très bien à Mariam.	❑	❑
6. La jupe coûte cinquante-sept euros.	❑	❑

B. Listen to the conversation again and complete the dialogue by filling in the blanks.

VENDEUSE: Je peux vous _____ (1), mademoiselle? Vous cherchez une jupe? Vous

faites quelle _____ (2)?

MARIAM: Je fais du _____ (3).

VENDEUSE: Eh bien, nous avons plusieurs modèles. Regardez _____ (4)-ci. C'est une jupe tube en polyester. On a aussi celle-là. C'est le look western.

MARIAM: Euh, j'sais pas. Je _____ (5) quelque chose de plus classique.

VENDEUSE: Bon alors, je _____ (6) que nous avons exactement ce que vous cherchez. Regardez ce modèle-ci.

MARIAM: J'aime bien la jupe, mais la couleur est vilaine!

VENDEUSE: Comment ça, vilaine! L'abricot est très _____ (7) cette année. Mais nous l'avons aussi en kaki et en noir.

MARIAM: Je peux _____ (8) la noire?

VENDEUSE: Oui, mademoiselle. La cabine d'essayage est par ici.

(Mariam sort de la cabine portant la jupe.)

VENDEUSE: Vous voyez, mademoiselle, elle vous _____ (9) comme un gant!

MARIAM: Ça fait vraiment très classe. Elle _____ (10) combien?

VENDEUSE: Cent vingt-sept euros, mademoiselle.

MARIAM: Cent vingt-sept euros? Mais c'est trop cher!

VENDEUSE: Mais _____ (11) un peu, mademoiselle. Elle est d'excellente qualité.

MARIAM: Oui, peut-être, mais de toute façon j'ai pas 127 euros à dépenser. Merci, madame.

VENDEUSE: Oh là là là là! Les jeunes!

Comment faire et accepter des compliments

CD5, Track 10

Exercice 9. Merci, c'est gentil. Amélie is meeting her boyfriend's parents. Listen to the compliments they give one another and select the most likely response. Keep in mind that the French don't accept compliments the way Americans do. Then listen to the complete dialogue to verify your answers.

1. _____

    a. Oh, ce vieux machin? Je l'ai depuis des années.

    b. Il est beau, n'est-ce pas?

    c. Les chapeaux sont des accessoires très utiles.

2. _____

    a. Merci, je suis d'accord avec vous.

    b. Oui, je trouve qu'il est très bon, moi aussi.

    c. Eh bien, disons qu'il y a quelques desserts que je sais faire pas trop mal.

3. _____

    a. Est-ce que vous aimez les montres anciennes?

    b. Vous aussi, vous êtes très jolie.

    c. Vous trouvez? Je l'ai achetée au marché aux puces.

PRONONCIATION ET ORTHOGRAPHE

Pronouncing French numbers and recognizing them in speech

CD5, Track 11

A La prononciation des nombres. Although you first learned to count from 1 to 60 in **Module 1**, accurate pronunciation and recognition of numbers takes time.

Listen carefully to the pronunciation of the numbers from 1 to 20 and indicate, with Yes or No, whether those numbers have a final pronounced consonant.

un _____   deux _____   trois _____   quatre _____   cinq _____

six _____   sept _____   huit _____   neuf _____   dix _____

onze _____   douze _____   treize _____   quatorze _____   quinze _____

seize _____   dix-sept _____   dix-huit _____   dix-neuf _____   vingt _____

Now listen and repeat.

    un, deux, trois, quatre, cinq, six, sept, huit, neuf, dix, onze, douze, treize, quatorze, quinze, seize, dix-sept, dix-huit, dix-neuf, vingt

CD5, Track 12

B *Un, deux, trois, huit et vingt*

Un. This number can be pronounced either as /œ̃/, rhyming with **brun,** or as /ɛ̃/, rhyming with **pain.** Both pronunciations are perfectly acceptable. Although the first pronunciation is more traditional, the tendency is towards the second pronunciation, /ɛ̃/. This is especially true for Parisians and French people born after World War II.

Deux. The vowel sound in **deux** has no equivalent in English. It's the same sound you hear in the words **peu, ceux,** and **mieux,** and is produced with more lip rounding than the neutral vowel or **e instable** (schwa) found in the preposition **de.** To pronounce it, first produce the word **des,** then while maintaining the same position of your tongue and jaw, round your lips and you will arrive at **deux.** Some English speakers mistakenly hear an **r** at the end of this word.

Trois. Work on pronouncing **trois** with an uvular **r,** and open your mouth wide on the final vowel.

Huit. This number does NOT rhyme with the English word *wheat.* The first vowel sound is similar to the vowel in **tu** and glides to an /i/ sound. This semivowel is also found in the words **puis, fruit, ensuite,** and **suis.**

Vingt. Be careful not to pronounce the **t** in **vingt** unless it appears before a vowel: **vingt, vingt pages, vingt arbres.**

CD5, Track 13

C **Combien?** It is often difficult to understand numbers contained in fluent speech. Listen to the following sentences and indicate the number that is pronounced.

_____ **1. a.** 389   **b.** 298   **c.** 279

_____ **2. a.** 195   **b.** 1 195   **c.** 575

_____ **3. a.** 351   **b.** 153   **c.** 335

_____ **4. a.** 1 780   **b.** 169   **c.** 189

_____ **5. a.** 89   **b.** 79   **c.** 99

_____ **6. a.** 3 670   **b.** 2 768   **c.** 3 690

_____ **7. a.** 2 290   **b.** 295   **c.** 2 215

_____ **8. a.** 139   **b.** 194   **c.** 147

La santé et le bonheur

Module **13**

Les parties du corps

CD5, Track 14

Exercice 1. Côté physique. Emmanuelle and her friend Juliette are thumbing through a magazine and talking about the physical characteristics of people who appear in the photos. For each description you hear, indicate the parts of the body they mention. You will hear each recording twice.

Jean-Yves:

| _____ bras | _____ yeux | _____ épaules | _____ dents |
| _____ bouche | _____ joues | _____ cheveux | _____ nez |

le mannequin:

| _____ nez | _____ visage | _____ épaules | _____ poitrine |
| _____ cou | _____ main | _____ estomac | _____ jambes |

Les maladies et les remèdes

CD5, Track 15

Exercice 2. Symptômes et diagnostics. Listen to the following people describe their ailments and make the appropriate diagnosis.

    Nouveau vocabulaire:
    fort *loud*

1. Étienne Causet _____

2. Aurélie Lemoîne _____

3. Olivia Beck _____

    a. une jambe cassée

    b. un rhume

    c. mal à la tête

    d. une dépression

CD5, Track 16

Exercice 3. Un régime révolutionnaire! Today, the radio show *Good Morning USA* is interviewing Dr. Phil Honnête, inventor of the new diet *Eat It All*. Listen to the interview and indicate whether the following statements are true or false.

Nouveau vocabulaire:

une tablette de chocolat	*a chocolate bar*
le bon sens	*common sense*
l'huile hydrogénée	*hydrogenated oil*

	vrai	faux
1. Le régime du Docteur Honnête s'appelle *Mangez De Tout* parce qu'avec ce régime, on peut manger de tout.	❏	❏
2. Un exemple de déjeuner autorisé dans ce nouveau régime est trois hamburgers et une tablette de chocolat.	❏	❏
3. Le Docteur Honnête dit que le chocolat n'est pas mauvais pour la santé.	❏	❏
4. Le régime du Docteur Honnête est basé sur le bon sens et la modération.	❏	❏
5. Le docteur pense que les gens ne savent pas toujours ce qui est bon et ce qui est mauvais pour la santé.	❏	❏
6. La margarine allégée *(light)* est un exemple de nourriture saine.	❏	❏

Comment parler au médecin

CD5, Track 17

Exercice 4. Mon fils est malade! Madame Soucis is worried that her son might be ill, so she takes him to the doctor. Listen to the following conversation at the doctor's office and select the appropriate response.

1. Madame Soucis a emmené son fils chez le médecin parce qu'il _____.

    a. est enrhumé

    b. fait une depression

    c. manque d'énergie et d'appétit

2. Elle s'inquiète surtout parce qu'elle a peur _____.

    a. qu'il ne réussisse pas ces examens

    b. qu'il maigrisse

    c. qu'il n'ait pas d'amis

3. Le seul symptôme que trouve le médecin, c'est _____.

    a. une légère fièvre

    b. une gorge rouge

    c. les yeux rouges

4. Le docteur croit que Mathieu souffre de fatigue parce qu'il _____.

    a. joue à des jeux vidéo au lieu de dormir

    b. fait une depression

    c. mange chez des amis

Pour se sentir bien dans sa peau

CD5, Track 18

Exercice 5. Le bonheur. Happiness means different things to different people. Listen to the following people give their interpretations of happiness and choose the phrase that most closely corresponds to their view.

_____ **1.** Nicole Avril

    a. Le plus grand bonheur, c'est aider les autres.

    b. On apprécie mieux le bonheur après des difficultés.

    c. L'argent est important pour être heureux.

_____ **2.** Lionel Chaudron

    a. Le bonheur se trouve dans les petits plaisirs de la vie.

    b. Le bonheur, c'est réussir sa carrière.

    c. Le bonheur, ce sont les moments passés en famille.

_____ **3.** Michel Tournier

    a. Le bonheur, c'est être en bonne santé.

    b. Le bonheur, c'est s'offrir de petits cadeaux.

    c. Le bonheur est surtout une attitude vis-à-vis de la vie.

CD5, Track 19

Exercice 6. Doucement mais sûrement. Pamela is visiting her doctor and asks him for some advice to stop smoking. Listen to their conversation and indicate the elements that are mentioned.

Pamela:

_____ **1. a.** fume depuis qu'elle a 17 ans   **b.** fume depuis qu'elle a 25 ans

_____ **2. a.** a 25 ans   **b.** a 17 ans

_____ **3. a.** devrait prendre des produits de substitution   **b.** ne devrait pas prendre de produits de substitution

_____ **4. a.** fume 5 cigarettes par jour   **b.** fume 3 cigarettes par jour

_____ **5. a.** doit faire du sport régulièrement   **b.** doit arrêter de faire du sport

Le docteur:

_____ **6. a.** lui recommande de s'arrêter de fumer tout de suite   **b.** lui recommande de s'arrêter de fumer progressivement

_____ **7. a.** ne fume plus depuis 17 ans   **b.** ne fume plus depuis 18 ans

_____ **8. a.** n'a pas grossi quand il s'est arrêté de fumer   **b.** a beaucoup grossi quand il s'est arrêté de fumer

_____ **9. a.** recommande le yoga   **b.** recommande le tai chi

_____ **10. a.** pense que le bébé de Pamela va être en bonne santé   **b.** pense que le bébé de Pamela ne va pas être en bonne santé

Comment donner des conseils

CD5, Track 20
Exercice 7. Conseils pour la route. Listen to this recording of driving safety tips and indicate whether the following sentences are true or false.

	vrai	faux
1. Le risque d'avoir un accident la nuit est plus élevé (*greater*) parce qu'on a sommeil.	❑	❑
2. Il est conseillé de s'arrêter régulièrement.	❑	❑
3. C'est une bonne idée de sortir de la voiture et de marcher un peu.	❑	❑
4. Pour ne pas parler au téléphone, envoyez des textos.	❑	❑
5. La loi interdit aux Français d'utiliser Bluetooth en voiture.	❑	❑
6. Vous ne devez pas conduire quand vous prenez des médicaments qui font dormir.	❑	❑

CD5, Track 21
Exercice 8. Micro-trottoir: «La chaleur et vous». This week *Micro-trottoir (The mike is yours)* wanted to know how people were dealing with the heat wave in the south of France. Listen to the recorded interviews and indicate all the elements mentioned.

Nouveau vocabulaire:

se cacher du soleil	*to avoid the sun*
un chapeau de paille	*a straw hat*
voyage en climatisé	*travel in an air-conditioned vehicle*

Camille…

_____ fait de la natation.   _____ boit beaucoup d'eau.

_____ mange beaucoup de glaces.   _____ ne fait pas d'exercice sous le soleil.

Jean-Claude Boulez…

_____ aime le soleil.   _____ ne sort plus en pleine chaleur.

_____ porte des lunettes de soleil.   _____ vient d'avoir une opération.

Eddy Limoges…

_____ porte un chapeau.   _____ boit du thé chaud sucré.

_____ boit de l'eau.   _____ évite de voyager.

PRONONCIATION ET ORTHOGRAPHE

Releasing final consonants, recognizing the subjunctive, deciding whether to pronounce final consonants

CD5, Track 22

A **Détente des consonnes finales.** As you have learned, French has a large number of silent final consonants. It is not surprising, then, that many French learners produce final consonants in a hesitant fashion, as if to hedge their bets. Unfortunately, this works against an authentically French pronunciation, because in French, pronounced final consonants must be produced clearly, not "swallowed," as they frequently are in English. Take for example the word *debt*. In English it ends with the tip of the tongue touching the roof of the mouth, "swallowing" the final -*t* sound. In the French word **dette,** however, after producing the -**t**, the consonant is released, and the tongue relaxes and breaks contact.

Listen to the final consonant sound of the following English and French words:

English	French
Paul	**Paul**
ton	**tonne**
bat	**batte**
fan	**fan**
mat	**matte**
soup	**soupe**

CD5, Track 23

B **Le subjonctif.** Releasing final pronounced consonants is important for producing and recognizing verbs in the subjunctive. After you hear the indicative form of the following verbs, give the corresponding subjunctive form, making sure to release the final consonant when appropriate. You will then hear the subjunctive form so you can check your pronunciation.

> **Modèle:** tu prends
> *que tu prennes*

1. il prend

5. tu comprends

2. elle sort

6. elle vient

3. tu dis

7. il écrit

4. on part

CD5, Track 24

C Prononcer ou pas?

1. **Consonnes finales.** In most cases, final consonants are silent except for the letters **c, r, f,** and **l.** (Use the mnemonic *careful* to remember them.) Of course the **r** is never pronounced in the infinitive ending **-er,** or in adjectives and nouns ending in **-ier: premier, papier, escalier.**

Now, before listening, select the word in each group of three that has a final pronounced consonant. Then, listen to the recording and verify your answers.

1. bon   papier   mal

2. actif   point   escalier

3. talent   bac   état

4. journal   vent   blond

5. finir   salon   choisit

2. **La terminaison -*ent*.** As you have already noticed, sometimes the ending **-ent** is pronounced, as in **franche-ment** or **changement,** and sometimes it is not, as in **parlent.** If the word is a verb conjugated in the third person plural, the **-ent** ending is silent. Before listening, look at the words below and indicate the adverbs, adjectives, or nouns where the **-ent** is pronounced.

_____ agent   _____ sentient   _____ content

_____ simplement   _____ chantent   _____ perdent

_____ vraiment   _____ malheureusement   _____ aiment

_____ cassent   _____ facilement   _____ souhaitent

Now read the words out loud and listen to the recording to verify your pronunciation.

CD5, Track 25

D Dictée partielle: Quand doit-on consulter un médecin? Listen to Dr. Dupuis

explain symptoms that indicate you should see a doctor. The passage will be read once with pauses for you to write what you hear and a second time without pauses for you to check your work.

Si vous perdez du poids et si vous _____ (1), il ne faut pas _____

(2): allez tout de suite chez le médecin. De plus, si vous avez toujours _____ (3),

si vous souffrez de fatigue et si vous _____ (4), c'est un signe qu'il faut voir le docteur.

Parfois le problème est physique… physiologique. Et parfois, c'est plutôt _____ (5).

Le patient _____ (6). Dans ce cas, le médecin fait des tests puis donne

_____ (7) au patient si des médicaments sont nécessaires.

La vie sentimentale

Module **14**

COMPRÉHENSION AUDITIVE

L'amour

CD 6, Track 2

Exercice 1. Histoires de relations. While Amélie and her friends are at a café, they talk about relationships. Listen to some parts of their conversation and indicate whether they are talking about love (**l'amour**), break ups (**une rupture**), or indifference / uncertainty (**l'indifférence/l'incertitude**) by selecting the appropriate option.

Nouveau vocabulaire:
flirter   *to flirt*

1. l'amour   une rupture   l'indifférence / l'incertitude

2. l'amour   une rupture   l'indifférence / l'incertitude

3. l'amour   une rupture   l'indifférence / l'incertitude

4. l'amour   une rupture   l'indifférence / l'incertitude

5. l'amour   une rupture   l'indifférence / l'incertitude

6. l'amour   une rupture   l'indifférence / l'incertitude

CD 6, Track 3

Exercice 2. Réciproque ou non? The conversation continues on various topics. Each statement you are about to hear includes the pronominal verbs given. Select **oui** if this verb refers to a reciprocal action (i.e., "each other") and **non** if it does not. Each sentence will be read twice.

réciproque?

1. se voir   oui   non

2. se téléphoner   oui   non

3. se dépêcher   oui   non

4. s'embrasser   oui   non

5. se comprendre   oui   non

6. se coucher   oui   non

Valeurs et espoirs

CD 6, Track 4

Exercice 3. Un melting-pot de valeurs. A previous customer left a copy of the magazine *Marie Claire* on the table. Amélie and her friends open it and find a survey about French people's values. Listen to the following remarks and select **traditionnelle** or **contemporaine** according to what you hear. You will hear each remark twice.

1. traditionnelle   contemporaine
2. traditionnelle   contemporaine
3. traditionnelle   contemporaine
4. traditionnelle   contemporaine
5. traditionnelle   contemporaine
6. traditionnelle   contemporaine

CD 6, Track 5

Exercice 4. Le couple idéal. Back home, Amélie listens to a radio talk show that deals with the image young people have of the ideal couple. Listen to a discussion of the poll results and select the answer that reflects the majority opinion.

1. Pour eux, le mariage traditionnel est aujourd'hui _____.
   a. plus important
   b. aussi important
   c. moins important

2. Quel est leur lieu de rencontre préféré? _____
   a. une expo
   b. un dîner chez des amis
   c. une boîte de nuit

3. Ont-ils un mariage religieux? _____
   a. oui
   b. non
   c. ils ne veulent pas en parler; c'est une question trop personnelle

4. Ils préfèrent habiter dans _____.
   a. un loft
   b. un appart
   c. une maison avec jardin

5. Ils veulent vivre _____.
   a. à Paris
   b. dans une ville de province
   c. à la campagne

6. Pour les hommes, l'âge idéal pour avoir un premier bébé, c'est _____.
   a. 21 ans
   b. 30 ans
   c. 31 ans

7. Est-ce qu'ils travaillent? _____.
   a. oui
   b. non
   c. à mi-temps

C'est ça, l'amitié!

CD 6, Track 6

Exercice 5. Logique ou pas logique? Listen to the following hypotheses about friendship and love, and indicate whether they are logical or not.

> **Modèle:** **Vous entendez:** Si j'avais moins de devoirs, je passerais plus de temps sur Facebook.
>
> **Vous choisissez:** *logique*

1. logique   pas logique

2. logique   pas logique

3. logique   pas logique

4. logique   pas logique

5. logique   pas logique

Comment dire qu'on est d'accord ou qu'on n'est pas d'accord

CD 6, Track 7

Exercice 6. Chacun son avis! Amélie and her friends are chatting about movies at a café. Listen as each friend gives his or her opinion and indicate whether the reaction expresses agreement (**d'accord**), disagreement (**pas d'accord**), or no opinion/a neutral position (**neutre**).

	d'accord	pas d'accord	neutre
1.	_____	_____	_____
2.	_____	_____	_____
3.	_____	_____	_____
4.	_____	_____	_____
5.	_____	_____	_____

Comment exprimer ses sentiments

CD 6, Track 8

Exercice 7. Interview avec une star

A. Amélie is now watching an interview of Fanon, a famous French movie star, on television. Before listening, read over the sentences below. Then, listen and fill in the blanks using the words provided in the list below.

difficile   l'amour   privée   son ami   son mari   timide   un couple

1. Fanon dit que la jalousie fait partie de _____.

2. C'est la deuxième fois qu'elle travaille avec _____ dans un film.

3. Elle admet que c'est parfois _____ de travailler avec son mari.

4. Fanon et Renaud forment _____ presque mythique.

5. Elle n'aime pas parler de sa vie _____.

6. Fanon voit Renaud comme son amour, son amant et _____.

7. Fanon explique qu'il lui est difficile de donner des interviews parce qu'elle est _____.

B. Now listen to the following statements made by Fanon's fans who heard the interview. Indicate whether the remarks reflect emotion and/or doubt or whether they are affirmative statements.

émotion / doute	affirmation
1. _____	_____
2. _____	_____
3. _____	_____
4. _____	_____
5. _____	_____
6. _____	_____
7. _____	_____

PRONONCIATION ET ORTHOGRAPHE

Showing emphasis, discriminating between *aller* and *avoir* in the subjunctive, pronouncing the letter combination *gn*

CD 6, Track 9

A **L'accent et l'intonation.** To be emphatic in English, you may simply say a word louder and with greater stress. Any word in a sentence may be highlighted in this way, depending on one's meaning. French is less flexible. Since only the final syllable of a rhythmic group may be stressed, you need to use another strategy. One way to express emphasis is to use stress pronouns. Compare the following.

> **I** *want to play tennis, but* **he** *wants to play golf.*
> **Moi,** je veux jouer au tennis, mais **lui,** il veut jouer au golf.

You may place the stress pronouns at the end or beginning of the sentence to communicate stress.

> **He** *doesn't play basketball at all.*
> Il ne joue pas du tout au basket-ball, **lui.**
> *They like jazz.* **We** *like rock music.*
> **Eux,** ils aiment le jazz. **Nous**, nous aimons le rock.

Emphasize the subject of the following sentences by adding an appropriate stress pronoun. Keep in mind that the pronoun may be placed before or after the sentence; in the answers you hear, the pronoun will be at the end in 1–4 and in front on 5–8.

> **Modèle:** **Vous entendez:** Il est beau.
> **Vous dites:** *Il est beau, lui.*
> **Vous entendez:** *Il est beau, lui. (Lui, il est beau.)*

1. Elle est belle.

2. Il est avocat.

3. Ils font des sciences politiques.

4. Elles sont très sympas.

5. Vous préférez la musique classique. Nous préférons le rap.

6. Tu vas au concert. Je vais au cinéma.

7. Ils vont à Chicago.

8. Elle aime les films d'amour. J'aime les films d'aventure.

CD 6, Track 10

B *Ait* vs. *aille*. Pronunciation of subjunctive verbs is fairly straightforward. However, many students confuse the subjunctive forms of **avoir** (j'aie, tu aies, il ait, ils aient) and **aller** (j'aille, tu ailles, il aille, elles aillent).

- For the forms of **avoir,** think of the letter *a* in English.
- For the forms of **aller,** think of the sound francophones make when they are hurt. (It rhymes with *pie.*)

Listen to the pronunciation of **avoir** and **aller** in these sentences.

> J'ai peur qu'il **ait** de la fièvre.
> Il faut qu'il **aille** à l'école tout de suite.

In the following sentences indicate whether you hear the verb **avoir** or **aller**.

	avoir	aller
1.	_____	_____
2.	_____	_____
3.	_____	_____
4.	_____	_____
5.	_____	_____

CD 6, Track 11

C **Dictée partielle.** Audrey is feeling a bit down and calls her best friend. Complete Audrey's side of the conversation by filling in the blanks with the words you hear.

Oui, il pleut encore—ça fait quatre jours qu'on n'a pas vu le soleil. Je _____ (1)

tellement ici à la maison. _____ (2), tout irait mieux, j'en suis sûre… Samuel? Eh bien, je

_____ (3) s'il n'est pas fâché après moi. Avant on _____ (4)

mais depuis quelques temps il passe tout son temps au travail. _____ (5) il me trompe avec

une autre fille. S'il ne travaillait pas tant, _____ (6) passer plus de temps ensemble. Parlons

d'autre chose… Oui, _____ (7) le voir. J'adore Daniel Auteuil. _____

(8) qui ont vu ce dernier film disent qu'il est meilleur que _____ (9) de l'année passée…

Non, je doute qu' _____ (10) libre demain soir… Toi et moi? Pourquoi pas? Oui, ça me

_____ (11) du bien.

CD 6, Track 12

D **La combinaison *gn*.** The sound of **gn** is somewhat like the sound of *ny* in *canyon*. Pronounce the following words after the speaker.

campagne	montagne	agneau	oignon	gagner
champignon	ligne	champagne	magnifique	espagnol

Fictions

COMPRÉHENSION AUDTIVE

Comment raconter une histoire (suite)

CD 6, Track 13

Exercice 1. La chasse au trésor. Jérémy works as a camp counselor in a **colonie de vacances** *(summer camp).* Tonight, around the campfire, everyone is talking about the treasure hunt they had earlier that day and Jérémy tries to encourage good sportsmanship between the two teams. After listening once to the conversation, replay it and focus on the verb tenses used. Indicate if the verb you hear is in the **passé composé** or the **imparfait**.

	passé composé	imparfait
1. (trouver)	❑	❑
2. (être)	❑	❑
3. (collaborer)	❑	❑
4. (avoir)	❑	❑
5. (mériter)	❑	❑
6. (battre)	❑	❑
7. (faire)	❑	❑

CD 6, Track 14

Exercice 2. Une histoire avant de s'endormir. Every night, before lights out, the campers ask to be told a story. Jérémy likes to invent ones that teach a lesson. Before playing the recording, read the story he's about to tell and fill in the blanks with the correct tense of the verbs in parentheses (**passé composé** or **imparfait**). Then, listen to verify your answers.

Quand Arthur _____ (1. être) petit garçon, il _____ (2. habiter) dans un petit village avec ses deux sœurs. Malheureusement, elles ne _____ (3. jouer) jamais avec lui. Son père et sa mère _____ (4. travailler) dans une usine, de 6 heures du matin à 6 heures du soir et ils ne _____ (5. voir) pas beaucoup leur fils. Arthur _____ (6. s'ennuyer), alors un jour il _____ (7. aller) se promener dans la forêt près de chez lui. Au début, Arthur _____ (8. être) tout content; mais une demi-heure plus tard, il _____ (9. commencer) à avoir faim et froid, et il _____ (10. se rendre compte) qu'il ne savait pas comment rentrer chez lui. Il était perdu! Courageux et intelligent, il n'a pas paniqué; il _____ (11. rester) calme. Il s'est rappelé la boussole *(compass)* dans son sac à dos et il l'a regardée pour déterminer la direction à suivre. Il _____ (12. trouver) la sortie de la forêt. Moralité, les enfants, quand vous sortez dans la nature, soyez toujours préparés.

Le septième art: l'art de raconter à travers le film

CD 6, Track 15

Exercice 3. *Entre les murs*. Ahmed and another counselor, Jeanne, discuss the film *Entre les murs*. Based on their conversation, complete the sentences. Read over the choices before listening to the recording.

1. _____ a vu le film *Entre les murs* avec Ahmed.

   a. Jeanne

   b. Adrien

   c. Mathieu

2. C'est un film _____.

   a. d'amour

   b. qui ressemble à un documentaire

   c. d'horreur

3. Le personnage principal est un prof de _____.

   a. musique

   b. français

   c. sport

4. Les élèves dans le film sont _____.

   a. de vrais élèves

   b. des acteurs professionnels

   c. des chanteurs professionnels

5. Dans ce film, il s'agit principalement d(e) _____.

   a. un prof et de son interaction avec ses élèves

   b. une jeune élève qui a des problèmes de discipline

   c. professeurs qui veulent punir les élèves

6. Dans ce film, il n'y a pas _____.

   a. de musique

   b. de dialogue

   c. de scènes réalistes

7. Ahmed trouve le film _____.

   a. ennuyeux

   b. intéressant

   c. peu réaliste

CD 6, Track 16

Exercice 4. Le présent de narration—résumé du film *Entre les murs*. Jeanne hears a summary of *Entre les murs* on the radio. Listen to the audio and fill in the blanks with the verbs in the present tense, in either the indicative or the subjunctive. Then listen again to the recording to check your answers.

François Marin (1) _____ comme professeur de français dans un collège difficile. Dans la salle de classe, il (2) _____ être un peu sarcastique parfois, mais il (3) _____ comment intéresser ses élèves. Mais un jour, il (4) _____ trop loin et insulte deux de ses élèves, Esmeralda et Louise. La situation se détériore assez vite et un autre élève, Souleymane, (5) _____ très perturbateur *(acts out)*. Les téléspectateurs (6) _____ compte que les profs (7) _____ trouver l'équilibre *(balance)* entre la discipline et la compréhension et qu'il faut que les profs (8) _____ extrêmement patients et compétents. Il est évident que les problèmes soulevés *(raised)* dans le film (9) _____ au-delà *(beyond)* du système éducatif. Par exemple, il est impossible que les profs (10) _____ bien faire leur travail si les élèves (11) _____ de sérieux problèmes de discipline. Ce film nous (12) _____ réfléchir au système éducatif français, de plus en plus controversé.

CD 6, Track 17

Exercice 5. Si nous étions metteurs en scène. Both students in film studies, Jérémy and Anne, talk about what they would do if they were directors. Listen to their conversation and select the option that best completes each statement.

1. Si Jérémy était un metteur en scène très connu comme Spielberg,_____.
   a. il donnerait beaucoup d'argent à des institutions charitables
   b. il s'achèterait une belle maison à Beverly Hills
   c. il ferait un petit film intime sans beaucoup d'effets spéciaux

2. Si Anne était un metteur en scène français,_____.
   a. elle viendrait travailler à Hollywood
   b. elle tournerait un film en anglais
   c. elle ferait un grand film avec beaucoup d'effets spéciaux

3. Si Jérémy avait l'argent pour le faire,_____.
   a. il ferait un documentaire sur les gitanes *(gypsies)* en France et en Italie
   b. il ferait un documentaire sur le festival de musique techno en Allemagne
   c. il s'achèterait une grosse Mercedès

4. Anne choisirait _____ comme actrice dans son premier film.
   a. Élodie Bouchez
   b. Juliette Binoche
   c. Agnès Varda

Comment parler de la littérature

CD 6, Track 18

Exercice 6. *Harry Potter*

A. The kids at camp are all fans of the *Harry Potter* series and Ahmed wants to ask some of them some questions about their perspective on this phenomenon. Before listening, select the interrogative word to complete each of the questions. Then, read your questions out loud and listen to the responses. At the end, you will hear the whole conversation again so you can check your answers.

> **Nouveau vocabulaire:**
> une fois   *one time*
> l'école de sorcellerie   *school of witchcraft*

1. (Lesquels / Combien / Comment) de livres est-ce qu'il y a maintenant dans la série?

2. De tous les livres que vous avez lus jusqu'à présent, (quel / lequel / laquelle) préférez-vous?

3. (Combien / Quoi / Pourquoi) de fois est-ce que tu l'as lu?

4. Et dans ce livre, (que / qui / de quoi) s'agit-il?

5. (Quand / Lequel / Quel) âge a Harry dans ce livre?

6. Et votre personnage préféré, c'est (qui / pourquoi / quel)?

7. (Quoi / Qui / Comment) s'appelle l'auteur de *Harry Potter*?

8. À votre avis, (qu' / pourquoi / qui) est-ce que la saga *Harry Potter* est si populaire auprès des jeunes?

CD 6, Track 19

B. Jeanne hasn't read any of the *Harry Potter* novels so she asks Ahmed some basic questions about the books. Answer **oui** or **non,** based on the previous discussion.

	oui	non
1.	❑	❑
2.	❑	❑
3.	❑	❑
4.	❑	❑
5.	❑	❑

Personnages célèbres de la littérature

CD 6, Track 20

Exercice 7. Trivial Pursuit: Littérature. Today at camp it rained, so the kids played Trivial Pursuit inside.

A. Listen to the questions from the category **Littérature: Personnages célèbres** and identify the literary and cartoon characters being described.

1. _____   **a.** Tristan

2. _____   **b.** Maigret

3. _____   **c.** Astérix

4. _____   **d.** Mme Bovary

5. _____   **e.** le Petit Nicolas

6. _____   **f.** Iseut

7. _____   **g.** Gaston Lagaffe

8. _____   **h.** Tintin

9. _____   **i.** Tartuffe

CD 6, Track 21

B. The game continues. In this round of Trivial Pursuit, the category is **Littérature: les classiques,** and the campers have to answer questions about specific literary classics. In each answer, a pronoun is used. Listen to the Q & A and identify what the pronoun is referring to.

1. les = Tristan et Iseut / le dragon et le géant / l'Irlande et la France

2. en = le bateau / Tristan et Iseut / du philtre magique

3. y = Emma / en ville / dans un couvent

4. la = Emma / Charles / la vie

5. lui = le commissaire Maigret / sa femme / les criminels

6. le = le commissaire typique moderne / sa pipe / son style de vie

PRONONCIATION ET ORTHOGRAPHE

Des mots-pièges et les groupes prosodiques

CD 6, Track 22

A **Des mots-pièges.** The following French words typically cause difficulties. Repeat after the speaker.

une femme	une ville	que j'aille	monsieur
j'ai faim	tranquille	que j'aie	le corps
le temps	une fille	vieille	j'ai eu
un fils	un pays	un œuf	aux États-Unis

CD 6, Track 23

B **Les groupes prosodiques.** When you read in French you need to break up the sentences into sense groups, called **groupes prosodiques**. The last syllable at the end of each group receives the stress accent accompanied by rising intonation. At the end of each sentence, the intonation falls. Look over the following passage from «**Je suis malade**» in the *Petit Nicolas* series. Draw slashes between prosodic groups. Mark your pauses with an arrow pointing upward. Mark periods with a downward arrow. Then listen to the recording and see whether your breaks are similar to the ones you hear. These breaks depend partly on the speed at which the passage is read; i.e., the faster the pace, the fewer the breaks. However, your version should be close to what you hear. The first sentence has been done for you.

Maman ↑/, quand elle a regardé mon lit ↑/, elle s'est mise à crier ↓/. Il faut dire qu'en nous battant, Alceste et moi, on a écrasé quelques chocolats sur les draps, il y en avait aussi sur mon pyjama et dans mes cheveux. Maman m'a dit que j'étais insupportable et elle a changé les draps, elle m'a emmené à la salle de bains, où elle m'a frotté avec une éponge et de l'eau de Cologne et elle m'a mis un pyjama propre, le bleu à rayures. Après, maman m'a couché et elle m'a dit de ne plus la déranger.

CPSIA information can be obtained
at www.ICGtesting.com
Printed in the USA
FFHW010805081218
49798108-54305FF